JN411866

진짜진짜최종

진짜진짜최종

들개이빨

자신감 없는

만화가가

생존하는 법

마음산책

진짜진짜최종

자신감 없는 만화가가 생존하는 법

1판 1쇄 인쇄 2026년 1월 5일
1판 1쇄 발행 2026년 1월 10일

지은이 들개이빨
펴낸이 정은숙
펴낸곳 마음산책

담당 편집 김수경
담당 디자인 오세라
담당 마케팅 권혁준·김근희
경영지원 박지혜

등록 2000년 7월 28일(제2000-000237호)
주소 (우04043) 서울시 마포구 잔다리로3안길 20
전화 대표 | 362-1452 편집 | 362-1451 팩스 | 362-1455
홈페이지 www.maumsan.com
블로그 blog.naver.com/maumsanchaek
엑스 x.com/maumsanchaek
페이스북 facebook.com/maumsan
인스타그램 instagram.com/maumsanchaek
전자우편 maum@maumsan.com

ISBN 978-89-6090-973-1 03810

* 책값은 뒤표지에 있습니다.

하지만 울지 않으려고요.

울면 근손실이 오거든요.

프롤로그

죄송합니다, 편집자님. 산문집을 내기로 계약한 게 엊그제 같은데, 최최최종 마감일로부터 1년 반이나 지난 오늘에야 첫 글을 보내드리게 되었네요. 깊이 사죄드립니다. 원치 않으시겠지만 잠시만 변명의 시간을 좀 갖겠습니다. 변명 1) 글 원고는 만화 원고보다 훨씬 시간이 덜 걸릴 거라 오판하고 팽팽 놀았습니다. 2) 몸이 좋지 않았습니다. 3) 결정적 변명, 저는 '만화가'를 주제로 한 글을 쓸 자격이 없는 만화가인 것 같습니다. 그렇다면 누구에게 자격이 있는가. 만화를 보고 그리는 게 너무 즐거워 어쩔 줄을 모르는 만화가입니다. 혹은 만화로 떼돈을 벌었거나 전 국민이 다 알 정도로 유명한 만화가입니다. 이런 작가님들이 써야 공익이 증진됩니다. 저는 그 무엇도 아닙니다. 만화를 적당히 좋아하고, 세상의 한쪽 구석에 이름이 아주 조금 알려졌는지는 모르겠으나 실상은 변변찮은 인간입니다. 게으르고 툭하면 싫증 내고 조그만 난관에도 쉽게 절망하여 "에휴, 이 망할 놈의 만화 일 얼른 때려치워야지"라는 텅 빈 푸념을 일삼는 인간일 뿐입니다. 이런 제가 무슨 글을 쓰겠습니까? 아무리 생각해도 하루빨리 이 만화에세이를 그만두는 편이 모두에게 이로울 것 같습니다.

하지만 어떤 일을 미련 없이 때려치우는 건 그 일을 잘해내는 것 못지않게 어렵더군요. 하는 수 없이 어떻게든 글을 써보고자 만화가로 지낸 지난 15년여의 세월을 탈곡기에 넣고 털었습니다. 쓸 만한 게 한 톨이라도 나올 때까지 탈탈 털었습니다. 불행 중 다행히도, 소득이 아예 없지는 않았습니다.

일단은 스스로에게 좀 놀랐습니다. 게을러터졌네, 재능이 없네 자학했던 것치고는 그동안 만화를 꽤 많이 그렸더라고요. 그리고 또 한 번 놀랐죠. 이 경력에

이 나이에 여전히 두렵고 무식하고 길 잃은 병아리처럼 불안해서요. 어린 만화가 지망생 땐 지금의 저만큼 늙은 경력직 작가는 후배들에게 그럴듯한 명언이나 쏟아내며 확신에 찬 나날을 보낼 줄 알았거든요.

바로 이 대목에서 목구멍이 확 뜨거워지면서 할 말이 빠르게 차올랐습니다. 뭐랄까, 격분해서 이 세계를 창조한 제작사의 고객 센터로 쳐들어가 진상이라도 떨고 싶은 심정입니다. 어디 가서 선생님 소릴 들어도 전혀 이상하지 않은 나이가 됐는데 불안한 건 마찬가지라니, 거 너무한 거 아니오?라고요. 아닌 게 아니라 근래에 사람들을 만나 대화하며 느낀 건데, 맘 편한 사람이 아무도 없습니다. 다들 불안하고 힘들어요. 피조물들이 이렇게나 단체로 고통스러워한다면 제작사가 책임을 져야 하지 않을까요? 그런 의미에서 우리 불안 동지들을 대표하여 조물주를 향해 삿대질을 한다 생각하면 조금은 흥겹게 '컴플레인' 글을 쓸 수 있을 것 같아요.

앗, 잠시만요. 글의 방향을 이렇게 잡아도 괜찮을까

요? 도움 되는 정보가 있을 거라는 실낱같은 희망을 품고 이 책을 선택한 만화가 지망생이 있을지도 모른다고 생각하니 갑자기 등골이 오싹해져서요. 안 그래도 요즘 어린 친구들의 정신 건강이 좋지 않다고 말이 많던데, 여러 가지 원인이 있겠으나 개인적으로는 기성세대들이 썩 미덥지 못한 모습을 보인 탓도 큰 것 같거든요. 자랑은 아니지만 고깃집에서 제가 고기를 구우면 바로 집게를 뺏깁니다. 도무지 믿음이 안 간다고요. 제가 그런 사람입니다. '못 미더운 기성세대 1인'을 맡고 있죠.

어떡하죠? 가뜩이나 불투명한 앞날에 기댈 사람 하나 없어 암담한 꿈나무들 앞에서 부모뻘 되는 업계 선배가 나도 불안하다고 나자빠져 징징대는 건 좀 그렇지 않나요? 아닌가요? 이렇게 허술하고 위태로운 인간도 어떻게든 먹고살 수 있다는 희망의 증거로 받아들여질까요? 아니, 아무리 난세라지만 그래도 책값은 해야 하지 않겠습니까? 건설적인 조언이라든가 나만 아는 업계 꿀팁, 이런 걸 좀 알려줘야 할 텐데. 아이고, 모르겠네요. 더 고민해보겠습니다.

그래서 정말 죄송한데…… 조금만 더 시간을 주시면 안 될까요? 이 산문집의 진짜진짜최최최종 마감일은 언제인가요?

차례

관계 속에서

살아남기

저, 만화 사랑합니다.

어지간히 사랑하지 않으면

이 일을 할 수가 없어요.

자학의 천재

왜
안 그려질까

안녕하세요, 편집자님. 나이 사십이 넘어 재능 타령하는 것만큼 한심한 꼴도 없으니 입 다물고 일에 집중하려 애써보지만, 일곱 시간을 앉아 고민했는데도 글 한 줄 그림 한 컷 나오지 않는 날에는 좌절하지 않을 도리가 없습니다. 나 진짜 재능 없다. 죽자, 죽어! 극단적 절망에 잠긴 채 도서관을 박차고 나가 근처 먹자골목으로 뛰어들어 가서 짬뽕을 먹고 왔습니다. 맛집 검색을 미리 해두길 잘했네요. 너무 맛있었어요.

짬뽕씩이나 먹었는데 여전히 아무것도 떠오르지 않고, 아까 게걸스레 씹어 삼킨 오징어, 새우, 해삼, 홍합, 주꾸미만 텅 빈 머릿속을 헤엄칩니다. 예. 죄송하지만 삼선짬뽕 먹었습니다. 그것도 곱빼기로. 죄책감이 무시무시한 속도로 부풀어 오릅니다. 위험합니다. 이대로라면 기껏 섭취한 칼로리를 자학하는 데 다 써버릴 것 같습니다. 정신상태가 더 나빠지기 전에 내가 가진 것에 집중, 집중. 뺨을 짝짝 치고 심호흡을 했습니다. 후. 거창하게 생각하지 말자. 마음을 비우자. 힘 빼자.

그러고 보니 새삼 묘하네요. 힘 빼자, 이 말이 모든 분야에서 통하는 진리라는 게 말입니다. 예술, 스포츠, 연애 등등. "힘 빼고, 마음을 비우고, 평소처럼 했더니 좋은 결과가 나왔습니다." 승자들의 수상 소감은 늘 이런 식이죠. 그러면 반대로 전신에 힘을 꽉 줘서 일이 잘 풀린 사례도 있을까요? 제가 알기론 없네요. 망한 작품에 으레 이런 심사 평이 따라붙는다는 것만 기억날 뿐. "아, 힘을 너무 많이 주셨네요. 아쉽지만 탈락입니다." 힘을 빼는 게 그만큼 힘들다는 증거겠죠. 적재적소에 자유자재로 힘 빼기가 가능하려면 매일매일 실전에 임하듯 꾸준히 훈련하는 것이 가장 좋은 방법이겠지만, 그걸 누가 몰라서 안 합니까. 공부 잘하려면 선생님 말씀 잘 듣고 교과서 위주로 꼬박꼬박 예습 복

습하면 되죠.

말이 쉽지. 짜증이 확 나서 속이 쓰렸습니다. 아프면 반사적으로 몸에 힘이 들어갑니다. 이러면 건강검진 때 꼭 한 소리 듣죠. "환자분, 몸에 힘 빼세요. 힘주면 더 아픕니다." 궁금해서 여쭙는데요. 이 말을 들으면 힘이 빠지나요? 저는 아니거든요. 오히려 지레 겁을 집어먹고 힘을 더 빡 줘서 결국 의사 선생님의 예언대로 크나큰 고통에 빠져버리죠. 지금처럼요. 자포자기한 채 짬뽕 곱빼기를 먹고 멍하니 길을 걷던 여자가 뚜껑이 열린 맨홀에 빠져 죽는 자전적 네 컷 만화를 연습장에 휘갈겨놓은 뒤 또다시 밖으로 뛰쳐나갔습니다.

도서관 뒤편의 아담한 동산에 조선시대 때 조성된 공동묘지가 있습니다. 제가 정말 좋아하는 곳이에요. 21세기의 현대 도시인에게 특별히 선호하는 공동묘지가 있다는 사실이 다소 괴이하게 느껴지실지도 모르겠습니다만, 아마 편집자님도 와보시면 맘에 드실 겁니다. 초목이 무성하고 고요하며 무덤과 무덤 사이의 간격이 적절하게 벌어져 있어 분위기가 아주 쾌적하거든요. 가끔 고양이도 오지요. 자연 친화적 레트로 힙스터 고양이 카페라 할 수 있겠습니다. 부서진 비석이며 돌로 만든 탁자가 너무 낮아서 오래 앉아 있기 불편하다는 점까지, 요즘 트렌드에 아주 딱이죠.

몇백 년 전 흙으로 돌아가신 분들 틈에 앉아 생각했습니다. 만화가 왜 안 그려질까. 그리고 싶은 게 끝없이 솟아나고 만화를 그리지 않는 인생은 아무런 의미가 없다고 단언했던 때도 있었는데, 왜 이제는 아무것도 그릴 수 없는 걸까. 억지로 짜내는 만화에 가치가 있을까. 반복되는 자학, 또 자학. 그래. 이제 진짜로 때려치울 때가 되었다. 결국 바닥에 도달했습니다. 그제야 마음이 편해지더군요. 조금은 기쁘기까지 했습니다. 사랑했던 만화 판과 작별하게 되었지만 귀중한 진리 하나를 깨닫게 됐거든요, 만화가에게 가장 필요한 재능이 무엇인지를. 바로 '확신'입니다. 이 이야기는 오직 나만이 할 수 있다는 확신. 그것만 있으면 온 세상이 뜯어말려도 만화를 그릴 수 있고, 없으면 천년만년 책상 앞에 앉아 있어봤자 무의미한 자기 고문일 뿐입니다. 이렇게나 고통스러운 걸 보면 역시 저는 재능이 없는 것 같아요. 다만 희망은 있죠. 스스로 고문을 중단할 힘은 남아 있다는 거. 얼른 집에 가기로 결심합니다.

학습실에 들어가자마자 흠칫 멈춰 섰습니다. 누군가가 제 자리를 훔쳐보고 있더군요. 빨간 셔츠를 입은 옆자리 영감님(육십대 추정)이 비스듬히 몸을 기울여 제가 책상 위에 펼쳐놓고 간 연습장을 들여다보고 있는 겁니다. 드문 일은 아닙니다. 공공도서관에서 만화 작업을 하다 보면 저의 작업물이 종종 구경거리가 될 때가 있습니다. 무채색 수험 교재로 가득한 학습실 책상 위의 만화 원고는 아무래도 눈에 띄니까요. 대부분의 이용자는 적당한 선에서 관심을 거두지만, 간혹 지나친 호기심을 보이거나 신성한 학업의 장에서 어찌 감히 만화를 그리냐며 도서관에 민원을 넣는 이들도 있습니다. 영감님은 어느 쪽일까요? 부디 '만화혐오세력'이 아니기를 바라며 주춤주춤 제 자리로 다가갔습니다. 인기척을 느낀 영감님이 고개를 들었습니다. 그분을 자극하지 않기 위해 눈을 내리깔고 주섬주섬 짐을 챙겨 일어나려는 순간, 붉은 물체가 시야에 불쑥 들어왔습니다.

자두 한 알.

영감님이 내민 자두를 멍하니 바라봤습니다. 의문과 당혹감이 마음을 어지럽혔지만 애써 침착한 척했습니다. 그래요. 그럴 수 있습니다. 음식을 나눠 먹는 건 흔한 우리네 미풍양속이니까요. 하지만 구립도서관의 열람실이 그러기에 적합한 공간일까요. 아니, 애초에 정체불명의 남성이 불쑥 건넨 음식을 덥석 받아먹기 좋은 공간이라는 게 존재하긴 하나요. 그렇다고 어르신의 호의를 냅다 거절하는 건 토종 유교 인간으로서 못할 짓인데……. 에이, 뭐 별일 있겠습니까. CCTV 쫙 깔려 있고 회원증까지 찍고 들어오는 도서관에서. 막말로 음식에 약을 타는 범죄를 저지를 생각이면 빵이나 음료수 같은 무난한 아이템을 택했겠죠. 자두는 좀 아닌 것 같습니다. 아, 아니죠. 역사와 전통을 자랑하는 살인미수 사건 중 하나가 '과일범죄' 아닙니까? 백설공주 독사과 있잖아요, 독사과! 긴장 풀면 안 됩니다! 정신 차립시다!

이러지도 저러지도 못하고 비상구의 탈출 자세로 굳

어 있는 저에게, 영감님은 자두를 건네주곤 주먹을 불끈 쥐어 보이며 속삭이듯 외쳤습니다.

"파이팅!"

엉겁결에 과일을 받아 든 채 한동안 벙쪄 있다가 허둥지둥 인사하고 도서관을 빠져나왔습니다. 집에 돌아가는 내내 생각했습니다. 뜻밖의 자두와 파이팅에 대하여. 제 맘대로 시나리오를 써봅니다. 어릴 때부터 만화를 좋아한 어르신. 우연히 도서관 옆자리에서 만화책과 만화 도구와 네 컷 만화가 그려진 공책을 발견합니다. 오, 내 옆에 만화가가 앉았구나. 한데 사정이 딱한 것 같군. (상대적으로) 젊은 친구가. 변비에 좋은 자두를 주지. 파이팅!

……아마도 이런 프로세스를 거치지 않았을까요? 뱃속 깊은 곳이 근질거리고 온몸이 서서히 따뜻해졌습니다. 진짜 오랜만이네요, 이 짜릿한 감각. 언젠가 이 순간을 반드시 만화로 그리고야 말겠다는 확신의 근지러움. 만화 작업 전체를 통틀어 가장 즐거운 순간

입니다. 물론 본격적인 작업에 들어가면 내가 그때 귀신에 씌었지, 이게 뭐가 재밌다고, 이러면서 멍청한 과거의 나를 저주하겠지만. 에휴, 어쩔 수 없네요. 당분간 만화는 계속해야 할 것 같습니다. 적어도 도서관 자두 사건까지는 그려놓고 포기하든 말든 하려고요(결국 글로 쓰게 되었군요). 아무튼 저에게 잠깐의 재능을 건네주고 간 빨간 셔츠 어르신께 감사드립니다. 어디서든 건강하시길.

아, 그날 받은 자두는요. 아무리 그래도 모르는 사람이 준 과일을 그냥 먹자니 꺼림칙한데 그렇다고 또 멀쩡한 농산물을 버리자니 죄책감이 들어서, 부모님 시골집 마당에 파묻었습니다. 모쪼록 우리 자두 씨가 스스로의 과육을 거름 삼아 근사한 나무로 무럭무럭 자라나서 탐스럽게 열매 맺기를 바랍니다. 그럼 어르신도 음식을 버렸다는 이유로 저를 나무라진 않으시겠죠?

…
…
…!
Z Z
민화나무

어떻게 살 것인가,
만화가여

죄송합니다, 편집자님. 원고가 또 늦었죠. 그게 지금 제가…… 속초에 와 있어서요. 아니 왜, 그런 창작자들 있잖아요. 일이 안 풀릴 때 여행을 훽 떠나서 기분 전환하고 영감도 얻고 덤으로 여행기까지 알뜰하게 써 갖고 돌아오는. 하루키라든가, 김영하라든가…… 대작가 선생님들이 잘 그러시잖아요. 그분들을 따라 하면 그 생산성과 작품성과 흥행력의 반의반의 반만큼이라도 닮을까 싶어서 울며 겨자 먹기로 KTX에 올라탄 것입니다. 말하자면 업무의 일환이죠. 놀고 싶어서가 아닙니다.

그런데 제가 경솔했나 봐요. 도착한 순간부터 지금

까지 계속 놀았습니다. 오랜만에 집을 떠나 낯선 곳에 오니 신나고 흥겨워서 한 줄도 안 쓰고 맛집 검색만 실컷 했습니다. 망했네요. 역시 돈을 들여서 뭘 하면 안 돼요, 저는. 워캉스니 뭐니 이런 근사해 보이는 짓 따윈 집어치우고 닭장형 독서실에 들어가서 머리를 쥐어짜야 쓸 만한 게 겨우 나오는 노예형 창작잡니다. 그래도 이왕 온 김에 맛집은 가려고요. 검색을 해보니 물회를 꼭 먹고 가라고 하네요. 속초에서 물회로 빌딩을 세웠다는 유명 음식점에 가보기로 했습니다. 혹시 또 모르잖아요. 대박집 음식을 먹으면 대박의 기운이 반의반의 반만큼이라도 옮아 붙을지.

우와. 대박집이라는 얘기는 진작 들어 알고 있었지만 이 물횟집, 규모가 어마어마합니다. 깔끔한 신축건물에 널찍한 주차장. 가벼운 마음으로 밥 한 끼 먹으러 식당에 들렀는데 갑자기 대기업에 견학을 온 기분이 들었습니다. 음식 맛보다는 식당 주인이 축적하였을 막대한 부에 관심이 먼저 가버리는, 시큼털털한 속물근성을 곱씹으며 안으로 들어갔습니다. 내부에는 또

다른 스펙터클이 저를 기다리고 있었죠. 웬만한 결혼식 피로연쯤은 너끈히 치러낼 만큼 넓은 매장에, 전국 각지에서 몰려온 손님들이 빽빽하게 앉아서 전투적으로 식사하고 있더군요. 겨우겨우 발견한 빈자리에 잽싸게 앉았습니다. 1인이 택할 수 있는 최선의 메뉴는 과연 무엇일지 치열하게 고민하다가, 결정했습니다. 물회와 오징어순대.

잠시 후 누군가 제 옆으로 스윽 다가왔습니다. 인기척이 난 쪽으로 무심코 시선을 돌렸는데, 아 깜짝아. 사람이 아니었어요. 로봇이었습니다. 작은 선반같이 생긴 기계 친구가 제가 주문한 음식을 쟁반에 받쳐 들고 다가온 것이었습니다. 낯선 상황에 잠시 경직되어 있다가, 음식을 가져가라는 로봇의 메시지를 보고 허둥지둥 그릇을 식탁으로 옮겼습니다. 다 옮기기도 전에 로봇이 실수로 출발해서 음식이 쏟아지면 어쩌지, 따위의 걱정을 하면서요. 다행히 로봇은 (인간의 관점으로 봤을 때) 퍽 침착하게 저를 기다려주었고, 쟁반이 텅 비자 망설임 없이 미끄러지듯 떠났습니다. 와우. 이 시스템으로 인건비를 유의미하게 절약할 수 있을지, 기계 구입비나 오작동으로 인한 컴플레인, 고장 수리 문제로 괜히 비용만 더 늘어나는 거 아닐지 궁금해하며 눈앞에 놓인 음식을 바라보았습니다.

주문한 요리와 딸려 온 반찬들을 잠시 감상하다가 하나하나 조금씩 맛을 보았습니다. 완벽한 맛이었습니다. 여기서 완벽이라 함은 먹자마자 혼이 나갈 정도로 맛있고 돌아서면 생각나서 미칠 것만 같은 압도적 미식이라는 말은 아닙니다. 물회, 오징어순대라는 메뉴명을 봤을 때 누구든 떠올릴 그 맛을 더도 덜도 아니고 딱 정확하게 충족시켰다는 의미에서의 완벽이었어요. 무수한 시도 끝에 최대한 많은 사람에게 가장 효과적으로 어필할 맛을 찾아낸 느낌.

반찬도 마찬가지였습니다. 젓가락 한두 번 닿고 소외될 운명의 구색 맞춤용 찬이 하나도 없었어요. 아주 작은 접시에 담긴 음식조차 고객의 혀를 유혹하겠다는 사명을 띠고 식탁에 올라온 것만 같은 비장한 기운이 감돌았습니다. 놀랍게도 유혹의 성공 확률은 상당히 높아서 뭘 먹어도 '오! 이거 제법 맛있는데?' 하는 말풍선이 반사적으로 마음속에 퐁 하고 떠올랐고, 그런 제 마음을 훤히 읽은 듯 식당 벽 곳곳에는 방금 먹은 반찬을 포장 판매한다는 안내문이 큼직하게 붙어 있었습니다. 완벽한 자본주의 세트플레이에 제대로 걸려든 기분. 할 말을 잃은 채 인절미를 집어 먹었습니다. 우와, 엄청나게 말랑말랑하고 맛있는 인절미였어요. 웬만하면 떡에 돈을 쓰지 않는 저조차 조금 사 갈까 고민될 만큼.

만족스러운 식사였지만 식당을 나서는 발걸음은 무거웠습니다(결국 떡은 사지 않음). 모든 요소가 합리적으로 착착 맞물리게 계산된 공간에서 밥을 먹고 있노라니 얼마 전 겪었던 일이 떠올랐거든요. 신장개업한 웹툰 플랫폼으로부터 연재 제의를 받았습니다. 을지로 모처에서 미팅을 가졌죠. 아주 열정적이고 시원시원한 담당자님이 저를 맞이하셨는데, 대뜸 그래프를 내미시더라고요. 자사에 소속된 작품들의 조회수 및 매출을 한눈에 보여주는, 말하자면 성적표 같은 자료였죠. 매출 그래프의 높게 치솟은 부분을 연신 쿡쿡 찌르던 담당자님은 다음과 같이 말씀하셨습니다.

담당자 작가님, 요즘 트렌드는 말이죠. 데이터에 따르면, 도파민물입니다.

들개이빨 아, 도파민 팡팡 터지게 하는 자극적인 만화? 좋죠.

담당자 그중에서도! BL이 성과가 좋습니다.

들개이빨 네네. BL은 늘 장사 잘되죠.

담당자 그중에서도 제일 잘나가는 건 바로!!!

들개이빨 (두근두근 두근두근).

담당자 불륜물입니다!!!!!

들개이빨 ……오.

담당자 그런 의미에서 작가님, BL 불륜물 그리실 생각 없으세요?

들개이빨 ……음…….

담당자 때마침 저희가 이번에 한 컷마다 댓글을 달 수 있는 시스템을 도입해서, 독자들이 어느 장면에 흥분하는지 디테일한 파악이 가능하거든요. 작업에 큰 도움이 되실 거예요!

들개이빨 …….

어떤 표정을 지어야 할지 모르겠더군요. 데이터의 신이 내게 점지해준 최적의 차기작이 '게이 불륜물'이라니. 아니, 저도 자극적인 콘텐츠 되게 좋아하고요. 불륜물에 도전할 용의가 아예 없진 않은데요. 이번 미팅으로 다시 한번 확인했습니다. 저는 누가 잘나가고 누가 떼돈을 벌었다더라, 최신 데이터가 어떻다더라 하는 얘기에 불타오르는 인간이 전혀 아니라는 걸. 오히려 있던 의욕도 꺾여버리는 청개구리형 창작자라는 것을요. 낯선 상황은 아닙니다. 얘, 얼른 공부해. 옆집 영철이는 이번에 전교 1등 했다더라. 걔 AI한테 과외받는다던데 이참에 너도 한번 받아볼래? 응?! 이런 말에 학구열이 푸시시 꺼져버리는, 우리 모두가 알고 있는 인지상정이 발동한 것이죠.

어쨌거나 저쨌거나 데이터 사이언스교敎에 단단히 몰입한 담당자님과의 미팅 시간이 길어질수록, 저는 힘이 쭉 빠지고 정신이 혼미해졌습니다. 근본부터 잘못된 미팅이었어요. 이럴 거면 나를 왜 쓰지? 저는 시류에 민첩하게 발맞추는 작품을 잘하는 타입이 전혀 아니거든요. 유능하고 감각적인 젊은 작가님들이 업계에 많은 것으로 압니다만, 웬일인지 담당자님은 뉴페이스를 찾기보다는 저를 고쳐 쓰기로 작정하신 것 같더군요. 대단히 감사하지만 왜 굳이 가시밭길로 뛰어들려고 하시는 건지 전혀 모르겠더라고요. 제 심정을 아는지 모르는지 우리의 열혈 담당자님은 한동안 제일 재밌고 제일 잘나갈 것으로 예상되는 작품과 IT 기술의 도입으로 대격변을 맞을 웹툰계의 미래에 대해 목청껏 샤우팅을 하셨습니다. 자리가 파할 무렵, 저는 완전히 파김치가 되었습니다. 미팅을 하다 이렇게 탈진한 건 처음이었어요. 간신히 인사를 드리고 근처 국밥집에 허우적허우적 기어들어 가서 뼈해장국을 사 먹었습니다. 그 동네가 또 맛집이 많더라고요.

공깃밥을 반쯤 집어삼키고 나니 도토리묵처럼 우울하게 꿀렁거리던 세상이 조금은 또렷하게 보였습니다. 식당 내부를 찬찬히 둘러볼 여유가 생겼지요. 뭐랄까, 국밥계의 모범생 같은 식당이었습니다. 특별히 거슬릴 것 없는 깔끔한 인테리어, 많지도 적지도 않은 적절한 가짓수의 요리들이 적힌 메뉴판, 눈치껏 시세에 맞춘

가격, 적당히 무심하고 친절한 종업원, 간이 잘 밴 살점이 섭섭잖게 붙은 뼈다귀와 얼큰한 국물, 원재료의 싱싱함을 과시하듯 큼직한 덩어리의 무김치와 잎사귀째로 서빙되어 공손히 가위질을 해야 하는 배추김치. 모든 수치가 안정적인 육각형을 이루는 곳이었어요. 이렇듯 다방면에 두루 무난하기도 쉽지 않은데, 이 상권에 안착하기까지 얼마나 많은 고민과 노력이 있었을까. 숙연한 마음으로 밥값을 계산하던 저는, 무심코 발견한 가게의 영업시간에 큰 충격을 받고 말았습니다.

43분? 40분이었다면, 아니 45분만 돼도 어떻게든 이해할 텐데, 굳이 43분에 가게 문을 닫아야 하는 사정은 대체 뭘까. 사장님이 몇 분 단위로 치밀하게 시간을 쪼개 써야 할 만큼 바쁘신 걸까. 아니면 손님이 드나드는 패턴 데이터를 인공지능에 입력해 최적의 영업 종료 시간을 문의한 결과, 22시 43분이라는 답변이 도출된 걸까. 이 식당의 기묘한 치밀함과 데이터 사이언스교의 독실한 신도인 담당자님이 했던 말들이, 자본주의의 모범생 같은 물횟집 풍경과 이상하게 겹쳐 보이더라고요.

이십대 후반까지의 저는 삶에 정답이란 없고 각자의 속도에 맞춰 살면 된다는 것을 불변의 진리라 믿었습니다. 사십대가 된 지금은, 모르겠어요. 사실은 삶의 대목마다 정답이 명백히 존재하는데 단지 나만 모르는 것뿐이라는 조바심이 들어요. 열심히 필승법을 찾아가며 살아가는 사람들을 볼 때마다 조바심은 더 악화됐는데, 인공지능이라는 이름의 전능한 신이 등장하면서부터는 완전히 끝났죠. 이렇게 대충 살다가는 진짜로 곧 망할 거라는 실감이 나요. 힘겹게 만화 작업을 해나갈 때면 그런 생각을 떨칠 수가 없어요. 나 지금 바보짓 하는 거 같은데. 이것보다 훨씬 효율적인 작업 방식이 틀림없이 있을 텐데. 듣자 하니 어떤 작가님들은 벌써 인공지능이랑 엄청 친해져서 둘이 손 붙잡고 아주 그냥 끝내주는 만화를 뽑아낸다던데. 이대로라면 나는 도태될 게 뻔한데. 하지만 신문물을 익히자니 귀찮다. 모르겠다. 어떻게든 되겠지. 막말로 아무리 시대가 변해도 작가의 개성이 듬뿍 담긴 이야기에 대한 수요가 아예 사라지진 않겠지? 삐뚤빼뚤 찌글찌글한 가내수공업형 수제 만화를 팔아줄 연재처가 세상 어딘가에 하나쯤은 남아 있겠지……?

이렇듯 제가 힘껏 외면하고 있던 앞날에 대한 불안이, 온갖 기술을 총동원하여 대중의 오감을 사로잡기 위해 노력하는 존재들에게 자극을 받아 의식의 수면 위로 불쑥 떠오른 것입니다. 젠장. 조용히 속 편하게 멸종되려고 했는데. 바쁘디바쁜 현대사회에선 이마저도 쉽지 않군요. 휴. 저도 비효율적인 감정 낭비는 그만두고 이제라도 인공지능한테 친한 척을 좀 해볼까요?

인공지능과 친해지기

안녕하세요, 편집자님. 궁금한 게 있는데요. 편집자님은 인공지능을 업무에 얼마나 활용하시나요? 혹시 출판편집자들도 인공지능에게 밥벌이를 빼앗길 거라는 위기감에 시달리나요? 작가들은 말이죠. '예술이라는 고도의 정신 작업'은 기계가 대체하지 못하겠지, 하고 방심했다가 그게 아니라는 걸 깨닫고 뒤늦게 허둥지둥 대책들을 고민하고 있는 것 같아요. 아닌 게 아니라 최근 며칠간 희한할 정도로 만나는 작가마나 인공지능 얘기를 하더군요. 사실 저는 일할 때 인공지능 거의 안 쓰거든요. 인공지능을 활용해서 업무 효율을 극대화하는 작가란 여전히 제겐 딴 세상 속 유니콘 같은 존재예요. 그런데 주변에서 하도 뭐라고들 하니 드디어 저도 불안해지더라고요. 이대로 있다가는 순식간에 도태될 것 같아서, 인공지능에게 처음으로 진지한 부탁을 한번 해봤습니다.

나의 질문

웨이트트레이닝에 푹 빠진 근육질의 여자가 조선시대 왕비로 환생해서 벌어지는 흑백 코미디 만화를 열 컷 정도 그려줘.

인공지능의 대답

제가 직접 그림을 그려드릴 수는 없지만, 요청하신 설정에 맞는 열 컷 만화를 구성해드릴게요!

컷1 헬스장에서 열심히 웨이트트레이닝 중인 주인공. 덤벨을 들며 근육질의 강한 포즈를 취하고 있음.

- 대사: "이제 몸짱이 되는 건 시간문제야!"

컷2 갑작스럽게 빛에 휩싸이는 주인공. 주위가 희미해

지며 어리둥절한 표정을 짓고 있음.

• 대사: "뭐야…… 이건?!"

컷3 눈을 떠보니 조선시대 궁궐. 주인공은 화려한 한복을 입고 왕비 자리에 앉아 있음.

• 대사: "여기 어디야? 내 옷이 왜 이래?"

컷4 주위를 둘러보니 신하들이 그녀를 '왕비 마마'라 부르며 깍듯이 대함. 주인공은 상황을 파악하려고 노력하는 모습.

• 대사: "왕비…… 마마? 내가 왕비라고?"

컷5 예절을 가르쳐주려는 궁녀가 다가오지만, 주인공은 근육질 팔로 궁녀를 깜짝 놀라게 함.

• 대사: "왕비 마마, 고운 손짓으로…… 으악!"

컷6 왕비로서의 생활이 시작되지만, 자꾸 힘 조절을 못해 물건을 부수거나 엄청난 무게의 물건을 혼자 옮기는 주인공.

• 대사: "왕비님, 그건 신하들이 할 일입니다!"

"에이, 내가 하는 게 더 빨라."

컷7 궁궐에서 열린 왕실 연회에서 왕비답게 우아한 춤을 추라는 요청을 받음. 근육질 팔로 이상하게 우아한 춤을 추는 모습.

• 대사: "이렇게…… 하는 거 맞지?"

컷8 무술 훈련 중인 군사들 사이로 나와 직접 시범을 보이며 강력한 팔씨름으로 무사들을 이겨버림.

• 대사: "자, 이래서 근육이 중요한 거야!"

컷9 궁궐의 신하들, 궁녀들 모두 주인공의 넘치는 힘과 운동 열정에 경악하며 도망가거나 숨어 있음.

• 대사: "왕비님께선 정말…… 특이하시네요."

컷10 주인공이 조선시대 왕비로서 근육과 운동을 포기하지 않고 열심히 운동하는 모습. 창가에 서서 미래를 다짐하는 표정.

• 대사: "왕비든 뭐든, 운동만은 절대 포기 못 해!"

이런 식으로 장면을 구성해보시면 근육질의 현대 여성이 조선시대에 왕비로 환생해서 벌어지는 코믹하고 기발한 이야기를 재밌게 풀어낼 수 있을 거예요!

왕비 마마,
고운 손짓으로……
으악!

왕비님,
그건
신하들이
할 일
입니다!
에이,
내가 하는 게
더 빨라.

왕실 연회장
이렇게……
하는 거 맞지?
헐…

무술 훈련
헐…
자,
이래서 근육이
중요한 거야!

왕비님께선
정말…… 특이
하시네요.

왕비든 뭐든,
운동만은 절대
포기 못 해!

인공지능이 작성한 구성안 그대로 만화를 그려봤습니다. ……음. 언뜻 보면 제법 그럴싸하지만 과연 이 만화를 돈 주고 사서 볼 사람이 몇이나 될까 싶네요. 인공지능이 우리 업계를 완전히 정복하는 데까지 아직은 시간이 필요할 것 같습니다. 그래도 언제 갑자기 인류가 기계의 노예로 전락할지 모를 일이니, 인공지능이 대체하기 어렵다고 알려진 배관공, 간병인 자격증을 미리미리 알아보는 게 좋을 것 같긴 해요.

자학이 풍년이네

잘 지내시나요, 편집자님. 도서전 행사에 관람객이 무려 15만 명이나 몰렸다거나 노벨문학상 수상작의 판매량이 100만 부를 돌파했다는 얘기를 들으면, 애써 태연한 척을 하려 해도 표정 관리가 안 됩니다. 너무너무 심통이 나서 견딜 수가 없어요. 흥, 돈 없어서 책 못 산다며. 출판계는 해마다 단군 이래 최대 불황이라며! 휴대폰 때문에 독서 인구가 급감했다며!! 책은 이제 구시대의 유물이라며!!! 배신자들!!!! 미워잇———!!!!! 하하, 농담입니다. 견뎌야죠, 뭐. 창작자들이라면 다들 알고 있는걸요. 대중의 관심과 자본의 흐름이 내 쪽으로 흘러오지 않는다고 화를 내는 건, 해가 동쪽에서 뜬다고 하늘에 주먹질하는 거나 다름없는 짓임을.

글도 글이지만, 만화를 책으로 내려고 할 때 고민은 한층 더 깊어집니다. 아시다시피 요즘 만화의 대세는 세로 스크롤 웹툰 형식인데요. 이 독특한 형식이 만화책 제작의 가장 큰 걸림돌입니다. 두루마리 휴지처럼 길게 늘어지는 그림파일을 왼쪽에서 오른쪽 페이지로 넘어가는 도서 형태로 만드는 데에 생각보다 많은 시간과 비용이 들거든요. 가슴에 손을 얹고 진지하게 묻지 않을 수 없죠. 이 짓을 왜 해야 하는가. 액정 모니터에 최적화된 디지털콘텐츠를 굳이 화면 밖으로 끄집어내서 종이책에 욱여넣는 죄악을 저질러야 할 이유란 대체 무엇인가. 무의미한 환경파괴 아닌가. 저는 선뜻 답하지 못하겠습니다. 하지만 시장의 대답은 단호합니다. **하지 마. 안 팔려.**

그렇습니다. 웹툰 출판은 웬만해선 돈이 안 됩니다. 온라인 연재할 때 몇억 뷰의 조회수를 달성한 히트작조차도 책으로 만들어놓으면 놀라울 정도로 판매량이 저조하다고 들었어요. 이해는 됩니다. 제가 독자라도 이미 온라인에서 유료로 본 웹툰이 책으로 나왔을 때

그걸 또 비싼 돈 주고 사서 집에다 쟁이고 싶지는 않을 것 같거든요. 문제는 이러한 악조건에도 불구하고 가끔 베스트셀러가 나온다는 겁니다. 미치고 팔짝 뛸 노릇이죠. 흉년이 들어 쫄쫄 굶고 있는데 옆집 곳간에 쌀이 넘쳐나는 걸 봐버린 거죠. 가만있을 수 없죠. 부럽다고 옆집을 약탈할 순 없으니 무리해서 씨앗 꿔 오고 황소 빌려 와서 미친 듯이 내 밭을 갈아야죠. 흙먼지 풀풀 날리는 척박한 밭을. 이런 못되고 어리석은 종이 파괴자들이 아직도 출판계를 맴돈다고 하네요. 예. 제 얘깁니다. 이 시국에 덜컥 출판계약을 해버렸네요. 그것도 무려 두 권을요. 하나는 만화고 다른 하나는, 지금 쓰고 있는 이 산문집.

하여간 편집자님이나 저나 참 대책 없는 인간입니다. 이 판국에 어쩌자고 최소 1000권의 종이 자원을 낭비해야 하는 법적 의무를 덜컥 짊어지겠다고 나섰을까요. 뭐, 할 수 없죠. 이렇게 된 이상 기껏 만든 책이 바깥바람 한번 못 쐬고 창고에서 썩어가는 비극만은 막아야죠. 그래서 고민을 좀 해봤습니다. 요즘 같은 세상에, 잘 팔리는 책이란 무엇일까요. 답이 떠오를 때마다 노트에 두서없이 막 적었는데요. 이미 다 아시는 내용이겠지만 공유해봅니다.

재미에 대한 사람들의 목마름은 여전하다.

다들 소중한 무언가를 찾아 헤매고 있다.

만화: 소유욕을 자극하는 예쁜 그림체. 몇 번을 읽어도 처음처럼 훅 빠져드는 스토리. 나도 그 속에 뛰어들어 일부가 되고 싶을 만큼 매혹적인 세계관. (중요!) 섹스하고 싶거나 자식 삼고 싶게 생긴 캐릭터. 그 캐릭터가 그려진 한정판 굿즈(키링, 인형, 엽서, 머그 컵, 냉장고 자석 등) 증정.

산문집: 내 맘에 쏙 들어갔다 나온 것처럼 공감되고 위로가 되고 의지가 됨. 듣도 보도 못한 독특하고 충격적인 경험이 담겨 있음. 뛰어난 통찰, 요절 복통 유머, 삶을 개선하는 데 실질적 도움을 주는 정보가 있음. SNS에 자주 언급돼서 안 읽으면 시대에 뒤처질 것만 같음. 표지가 예뻐서 인스타에 올려 자랑하기 좋음. 작가가 유명함—홍보

에 적극적이고 미디어를 잘 활용. 오프라인 행사에 찾아가서 강연을 듣고 책을 구매하고 사인을 받고 싶은 욕구를 불러일으킬 정도로 매력적인 인물.

요컨대 책이라는 것은 이제 소유하는 즉시 구매자의 오감을 만족시키는 '굿즈'의 역할을 해야 하고, 작가는 연예인이 되어야 합니다.

저는 어디에도 해당되지 않네요. 저는 제가 경험한 것밖에 못 그리는 유형의 창작자라, 제가 만든 세계관의 배경은 대부분이 21세기 한국의 꼬질꼬질한 동네입니다. 자기 집 창문만 열면 눈앞에 바로 펼쳐지는 세계를 누가 욕망하겠습니까? 스토리는 술주정에 가깝고요. 보셔서 아시겠지만 못 견디게 갖고 싶을 만큼 예쁜 그림체도 전혀 아니고요(저런 건 나도 그리겠다, 같은 희망을 줄 수는 있겠지만). 제가 만든 캐릭터를 욕망하는 사람도 별로 없고요.

그렇다면 산문집은? 아, 큰일입니다. 이쪽의 상태가 더 심각한 것 같아요. 지금 쓰고 있는 글이 대체 누구를 위한 것인지 모르겠습니다. 공감이 되나요? 위로가 되고 의지가 되나요? '만화가'가 들어간 부제에 이끌려 책을 선택한 독자의 기대를 채워줄 만한 통찰과 유머가 있나요? 만화가가 되는 데 유용한 정보가 있나요? 하나도 없고 자학만 한가득이죠. 아아, 정말 큰일입니다. 같이 있기 진짜 짜증 나는 인간 중 하나가 습관성 자학자잖아요. 제대로 된 대화가 불가능하고 "아니야…… 그런 소리 마…… 너 정도면 괜찮은데 왜……" 따위의 리액션으로 계속 기를 살려줘야 하니까요. 정신적 기저귀를 끝도 없이 갈아줘야 하는 거죠. 죄송해요. 제가 좀 그런 스타일이에요. 면목이 없습니다. 책을 홍보할 때 전면에 나서서 열심히 매력을 발산해야 할 작가가 기저귀나 차고 드러누워 있으니…….

아니 근데 저는, 외부 활동 활발히 잘하시는 작가님들이 진짜 너무 부러워요. 어쩜 그렇게들 에너지가 넘치시고 말씀들을 잘하시고 외모마저 훌륭하시죠? 옛날에는 작가라고 하면 작품으로만 말하는 은둔자의 이미지가 강했는데, 요즘은 뭐 연예인과 다를 바가 없잖아요. 어떻게 그럴 수가 있는지 경이롭기까지 합니다. 저는 작업하는 것만으로도 시간이 부족한데. 일이 끝나면 진이 다 빠져서 한마디도 못 하겠던데. 무엇보다, 저는 대중 앞에 나서는 게 너무나 두려워요. 제 글과 만화를 재밌게 본 독자님이 있다 치자고요. 그분이 생각하는 들개이빨의 이미지는 아마 지금이 가장 좋을 겁니다. 그 앞에 제가 나타나서 쪽박 같은 얼굴을 드러내고 염소처럼 불안정한 발성으로 횡설수설한다? 홀딱 깨지 않나요? 책 판매가 더 떨어지지 않을까요?

후…… 죄송합니다. 1일 자학 권장량을 넘겼네요. 오늘은 여기까지만 하고 얼른 마감하러 가겠습니다.

강연을 걷어차다

놀라지 마세요, 편집자님. 글쎄 저에게 무려…… 강연 제의가 들어왔습니다! 엊그제 도서 산간 지역의 공무원과 식사할 일이 있었는데요. 그분이 말하길 웹툰 작가가 장래 희망인 어린 학생들이 주변에 꽤 많다는 겁니다. 자기 딸아이도 그림에 재능이 있는데 일찌감치 만화 조기교육을 시키면 어떨까 고민 중이시라네요. 그러면서 저에게, 산골 마을의 꿈나무들을 상대로 강연해줄 수 있는지 진지하게 물어보시더라고요.

우와, 세상에! 심장이 두근거렸습니다. 번지점프대에서 드디어 내 차례가 온 기분이랄까요. 새로운 분야에 뛰어들기 직전의 설렘, 떨림, 미래 세대에 어른 노릇을 하게 됐다는 기쁨 그리고 새로운 돈줄을 잡았다는 황금빛 희망! 피가 끓었습니다. 말이 나와서 말이지만 요즘 세상에 작가들의 생계를 지탱해주는 건 책 판 돈이 아니라 강연이나 교육사업 같은 출장형 말하기 콘텐츠 아닙니까. 그러면서도 마냥 남의 일이라고만 생각했는데, 이번 기회를 통해 저도 강연형 작가로서 첫발을 내딛게 되는 걸까요?!

30분 뒤, 강연은 없던 일이 되었습니다. 저의 실언 때문에요. 그날의 대화를 기억나는 대로 옮겨보자면…….

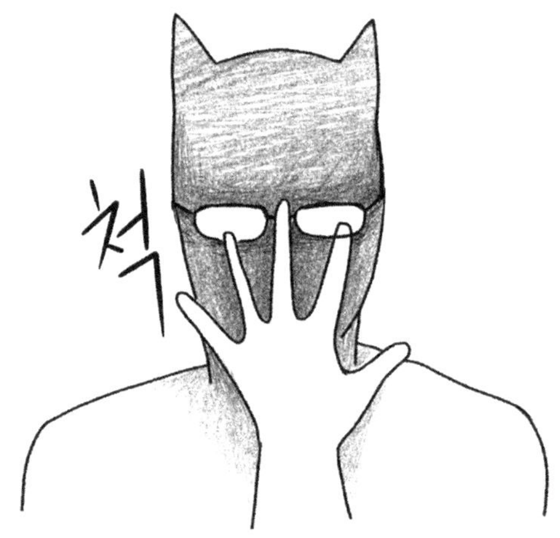

공무원 어떻게 하면 웹툰작가가 될 수 있냐고 궁금해하는 아이들이 많아요. 한말씀해주신다면.

들개이빨 미안하지만 이렇게 게으른 질문을 하는 녀석은 작가로서의 미래가 불투명합니다. 프로 작가가 될 가능성이 낮을뿐더러 운 좋게 데뷔한다고 해도 기대와는 달리 초라하고 고된 만화 판의 실상을 접하고 금세 실망하여 그만둘 것입니다. 왜냐하면 이것은 언론에 비친 작가의 화려한 모습을 보고 작가의 돈과 명예가 탐이 난 사람의 질문이기 때문입니다. 작가가 될 만한 아이들은 작가가 되는 법을 궁금해하지 않습니다. 이미 작가가 되어 있으니까요. 이미 뭔가를 쓰고 그리는 중이라고요.

그러고는 무언가를 자기 힘으로 창작해본 사람만이 할 수 있는 절박하고 실무적인 질문을 합니다. 하여간 조금이라도 똘똘한 놈은 바로 알아요. 유명 작가 밑에 들어가 기약 없는 수련 생활을 하거나 등단 시스템을 통과해야만 내 작품을 실을 지면을 간신히 확보하던 옛날과 다르게, 지금은 누구의 간섭도 받지 않고 온라인에 만화를 공개함으로써 대중과 바로 직거래를 터버리는 세상이라는 것을요. 심지어 내 재능의 유무조차 조회수와 댓글을 통해 신속하게 심판받는 간편하고 냉혹한 세상이라는 걸, 도저히 모를 수가 없어요. 참고로 재능의 유무는 어떻게 아느냐. 온라인 커뮤니티에서 글도 쓰고 댓글도 달고 활발히 활동해보세요. 될 놈은 글 몇 줄만 써도 주목받고 팬이 생깁니다. 이러면 높은 확률로 빨리 데뷔하죠.

하지만 꼭 온라인 도화살을 타고난 사람만 작가로 성공하는 건 아닙니다. 무반응, 혹평에 굴하지 않고 머릿속에 있는 그림을 꾸준히 구체화하는 성실함을 가진 사람이 더 오래, 행복하게 작가 생활을 해나가는 경우를 많이 봤습니다. 요컨대 중요한 건 지금 현재, 이미 작가의 삶을 살고 있느냐 아니냐입니다. 결론적으로 이 질문에 대한 저의 답변은 질문의 형태로 되돌려드릴 수밖에 없습니다. 혹시 지금, 글을 쓰거나 그림을 그리고 있나요? 그렇다면 당신은 이미 작가입니다. 아니라면 어렵습니다.

공무원　　그럼 어떻게 하면 재미있는 작품을 그려서 부자가 되고 유명해지나요?

들개이빨　　좋습니다. 방금 전보다 질문이 구체적으로 업그레이드되었네요. 속물근성을 노골적으로 드러내는 패기도 시원시원하니 맘에 들고요. 그런데 어쩌죠. 미안하지만 저도 모릅니다. 그걸 알면 여기 계시는 분들 중 과반수가 제 만화를 봤거나 제 만화 원작의 드라마를 보셨거나 연간 억 단위의 돈을 벌어들이고 화려한 수상 경력을 자랑하며 해외 진출하는 제 소식을 뉴스에서 봤겠지요. 근데 여러분 제 만화 안 봤잖아요. 저 모르잖아요. 바로 이 지점이 여러 가지를 말해준다 하겠습니다.

하지만 이런 저라도 정답에 가장 가까운 한 가지 비법을 말씀드릴 수는 있겠네요. 세상 모든 진리가 그러하듯 재미가 없어서 유감이지만, 방금 진의 질문과 같은 답을 드릴 수밖에 없겠습니다. 남들이 다 재밌다고 할 때까지 계속, 계속 그리고 또 그리는 것입니다. 그러면서 독자들을 내 작품에 최대한 많이, 오래 붙잡아놓는 연출 방법이 무엇인가를 연마하는 것입니다. 그런데 대중의 관심이라는 자원은 한정되어 있는 반면(게다가 불황이라 지갑도 얇아졌죠) 작가를 하겠다고 나서는 사람이 너무 많아서, 웬만한 작품으로는 꾸준히 먹고살 수 있을지 매우 의심스러운 상황입니다. 지금의 웹툰 시장은 뭐랄까 치킨집 잘된다고 해서 치킨집 옆에 치킨집 옆에 또 치킨집 생기고 있는 판과 다를 바가 없습니다. 설상가상으로 세계적인 불황까지 겹쳤으니, 앞날이 어찌 될지 모르겠네요. 어쩌면 우리는 웹툰 시장의 '화양연화'를 지나 추락할 일만 남았을지도 모릅니다. 그냥 제 생각이에요.

공무원　　아하하, 분위기가 뭔가 좀 어두워졌는데…… 혹시 웹툰작가의 좋은 점을 알려주실 수는 없나요?

들개이빨　　정해진 시간과 장소에 출퇴근을 하지 않고 인간과의 접촉을 최소화하며 집 밖에 나가지 않아도 되는 것이 최고의 장점입니다. 그런데 미안하지만 부정적인 이야기를 또다시 덧붙이지 않을 수가 없네요. 이 장점은 곧 최악의 단점이기도 합니다. 주간 연재가 결정되면 집에서 나가고 싶어도 못 나갑니다. 창살 없는 감옥에 완벽히 갇히는 거죠. 돈 쓸 시간이 없어서 돈이 차곡차곡 쌓인다는 건 좋은 점이지만…… 그것도 옛날 말이군요. 온라인쇼핑과 배달 음식 시스템이 입안의 혀처럼 요망하게 잘 갖춰진 현대 한국에선, 내 피 같은 재산을 방구석에서 휴대폰 터치 몇 번에 충동구매로 날릴 수 있게 돼버렸으니. 마감 스트레스가 심해질수록 집에 택배 상자가 기하급수적으로 늘어나 나중에는 발 디딜 틈이 없어질 지경입니다. 그런데 내 만화가 재미없다며 연재처에서 갑자기 연재 중단을 통보한다고 생각해보세요(꽤나 자주 벌어지는 비극입니다). 남는 건 카드 빚더미에 올라앉은 비루한 몸뚱이뿐이죠.

공무원 ……그래도 꿈을 이루셨는데 즐거운 순간이 전혀 없진 않으실 거잖아요. 뭔가 좀 희망찬 이야기는 없나요? 십몇 년을 만화가로 살면서 얻은 깨달음이라든가, 노하우라든가…….

들개이빨 어쩜 저에게 부족한 것만 귀신같이 꼭 집어서 요구하시네요. 전문성, 희망 혹은 긍정의 힘 같은 거. 자랑은 아닌데요. 제가 한 업계에서 15년 넘게 일했지만 아는 게 정말 없습니다. 꿈나무들에게 자신 있게 가르쳐줄 노하우가 쥐꼬리만큼도 없어요. 새 작업을 할 때마다 늘 처음처럼 서툴고 멍청합니다. 딱 한 가지 확신할 수 있는 건, 꿈을 이룬다고 절대 행복이 보장되지는 않는다는 것 정도? 그런데 그건 누구나 아는 상식 아니던가요. 아니, 조물주 양반이 참 지독한 게, 모두가 원하는 귀중한 건 전부 뼈를 깎는 고통의 수련을 거쳐야만 얻을 수 있게 해뒀단 말입니다. 그러니까, 이런 강연 몇 마디 듣는 걸로는 인생이 절대 개선되지 않아요. 오히려 남의 말을 듣고 그럴싸한 깨달음을 얻은 것 같은 착각에 빠지기 때문에 더 안 좋을 수 있어요. 그러니까 강연의 속성이란 사실상 언 발에 오줌 누기 같은 거죠. 잠깐의 효능감을 맛본 뒤 길고 축축한 공허에 빠지는. 다 부질없는 짓이에요.

공무원　　……….

들개이빨　　그리고 이건 민망해서 말씀드리지 않으려고 했는데, 강연을 못 하는 또 하나의 중대 사유가 있습니다. 두려움입니다. 제 만화를 재밌게 본 독자님들 앞에 실제 모습을 드러내는 게 저는 너무 무서워요. 일단 주요 개인정보에 해당하는 인상착의가 불특정 다수에게 노출되는 위험이 생기죠. 우스꽝스러운 표정의 얼굴 사진이 온라인에 박제되어 영원한 수치의 증거로 남을 거고요. 무엇보다도, 직접 보셔서 아시겠죠. 제 외모는 만화 판매에 도움이 안 됩니다. 만화가의 육체는 독자에게 어떤 감정을 불러일으킬까요. 대체로 실망, 무관심, 잘생기고 예쁘다면 과도한 관심, 동경, 질투……. 하여간 좋은 의미로든 나쁜 의미로든 원치 않게 현실로 끌려 나오는 뜨악한 기분은 분명히 선사한다고 보거든요. 소위 '깬다'고 하죠. 아무래도 만화라는 장르가 인간의 몸을 과장되게 미화하거나 단순화함으로써 독자에게 환상을 불어넣는 수법을 자주 써먹으니까요.

제 경우는 입장이 더더욱 곤란해요. 제 만화의 주인공은 저를 본떠 만들었다고 여러 인터뷰에서 떠들고 다녔거든요. 그래서 더 쪽팔려요. 아무리 저와 제 만화 캐릭터가 닮았고 제 그림체가 환상적이게 아름다운 화풍과 거리가 멀다고 해도, 몇 개의 선으로 슥슥 그려낸 만화 캐릭터 특유의 단순 납작한 무균성에 비하면 얼룩덜룩 쭈글쭈글한 피부와 푸석푸석한 새치 머리와 두둑한 똥배를 장착한 현실 인간의 몸뚱이는 아무래도 비호감이죠. 물론 압니다. 외모가 어떻든 본인이 당당하면 상관없죠. 미모순으로 강연을 잘하는 것도 아니고 말예요. 결국 자존감, 인간사 대부분의 문제는 늘 자존감 때문에 생기지 않습니까? 하지만 아무리 스스로를 사랑하고 싶어도, 저는 정말 제 취향이 아니에요. 외모는 물론이고 불안정한 발성, 미성숙한 말투, 경박한 몸동작…… 하나하나가 어디다 내놓기 부끄럽습니다. 이런 제가 어떻게 강단에 섭니까? 제가 못 먹을 걸 어떻게 남들에게 권합니까?

공무원 ……예, 잘 알겠습니다.

가벼운 마음으로 호의를 베풀어주려던 공무원은 미친 듯이 오두방정을 떨며 오징어 먹물처럼 자기 비하를 뿜어내는 저를 보고 크게 당황한 눈치였습니다. 당황한 건 저도 마찬가지였고요. 정중히 거절하면 무난히 넘어갔을 일을, 공적인 자리에서 기어이 내장까지까 보이고 말았구나! 스스로의 미성숙함에 새삼 질려버렸습니다.

이렇게 제 인생 최초의 강연 기회는 허무하게 날아갔습니다. 정말 죄송합니다, 편집자님. 이것도 못 하겠다 저것도 못 하겠다 드러누워서 찡얼대기만 하는 작가를 데리고 홍보하기 힘드시겠죠. 면목이 없습니다. 지금도 가끔 생각해요. 눈 딱 감고 제안을 수락했다면 어땠을까? 의외로 어찌어찌 해내지 않았을까? 생각해보니 강연 못 하겠다, 할 말이 없다는 말을 이렇게나 길게 떠들었는데, 혹시 이걸로 콘텐츠를 만들 수 있지 않을까? 강연을 거절한 사유를 강연으로 만들기. 타이틀은 '나는 왜 아무것도 못 하는가: 자신감 없는 만화가로 살아가는 법' 이런 느낌으로. 편집자님 보시기엔 어떠세요? 관심 있는 분들이 좀 계실까요?

질투는
나의
힘

죄송합니다, 편집자님. 그게…… 이번 주는 말이죠. 누군가를 질투하느라 한 글자도 쓰지 못했습니다. 그 누군가가 누구냐 하면, 저보다 한 1년쯤 늦게 산문집을 계약한 동료 만화가인데요. 벌써 책이 나와서 북 토크를 준비한다는 게 아니겠습니까? 세상에, 나는 아직 반도 못 썼는데…… 발전 없는 원고를 천년만년 붙잡고 앉아 지지리 궁상을 떨고 있는데……! 질투가 나서 죽도록 괴롭더라고요. 세포 하나하나가 제 성질을 못 이기고 까맣게 타 죽어가는 느낌이랄까요.

질투란 참으로 골치 아픈 감정입니다. 쓸데없이 성능 좋은 순간온수기 같아요. 한번 버튼이 눌리면 사람의 마음을 순식간에 펄펄 끓여버리잖아요? 온도가 최고점에 달할 때면 눈에 뵈는 게 없어지고 그저 세상과 나 자신을 태워 없애고 싶은 마음뿐입니다. 저만 그런가요? 제가 좀 질투에 일가견이 있긴 합니다. 평생을 질투의 노예로 살아온 인간이라서요. 저보다 공부 잘하고, 학벌 좋고, 어리고, 예쁘고, 돈 많고, 유명하고, 글 잘 쓰고, 그림 잘 그리고, 웃기고, 말 잘하고, 건강하고, 성격 좋고, 친구 많고, 연애 잘하는 누군가를 한순간도 쉬지 않고 부러워했습니다.

하지만 질투는 독성이 강한 감정이라 건강에 나쁘지요. 곱씹을수록 제명에 못 죽겠다 싶었어요. 이대로는 안 되겠다, 질투심을 가장 나쁜 방식으로 자극하는 요인인, 획일적 기준으로 사람의 '급'을 나누는 환경에서 벗어나자고 다짐했죠. 사실은 그래서 만화를 그려야겠다고 결심한 측면도 없지 않습니다. 꿈과 희망의 만화세계에서는 누구의 눈치도 보지 않고 나만의 개성을 마음껏 펼쳐 보이기만 하면 되는 줄 알았거든요. 그것이 큰 착각임을 깨닫는 데는 많은 시간이 필요하지 않았습니다.

알고 보니 만화 판이란 자본주의의 잔혹함과 예술계의 또라이 같은 부조리가 황금비율로 결합된 '비교지옥'이었습니다. 거의 모든 예술가가 그러하듯 불안한 미래를 혼자 감당하며 예술혼을 있는 힘껏 불태워야 하죠. 다만 최대한 재밌고 자극적으로, 정해진 날짜에 꼬박꼬박 규칙적으로, 남의 눈치를 열심히 봐가면서, 조회수가 절대로 떨어지지 않도록! 게다가 만화 판에는 누가 제일 잘나가는지 다 함께 씹고 뜯고 맛보고 즐기려고 실시간 성적표를 만들어서 저잣거리에 내거는 고약한 문화가 만연해 있어요. '질투병자'에겐 그야말로 최악의 환경. 여우를 피하려다 호랑이 굴에 뛰어든 격이었죠.

하지만 인간은 적응의 동물 아니겠습니까. 제가 아무리 질투 광인이라지만 이 바닥에서 그래도 한 15년을 굴렀는데 어떻게 잘나가는 사람들을 사사건건 질투만 하며 살아왔겠습니까. 정신 건강을 지키며 생계를 유지하는 제 나름의 요령을 익혔습니다. 대표적인 필살기가 바로 타조 권법이죠. 세상을 외면하고 머리를 땅속에 처박는 기술입니다. 여기서 핵심은 업계 사람들을 되도록 멀리하고 내 작품이 연재되는 만화 플랫폼의 메인화면에 들어가지 않는 거죠. 어느 회사가 됐든 메인화면에는 현재 매출 1위를 달리고 있거나, 드라마화가 됐거나, 큰 상을 받았거나, 하여간 남의 집 경사 난 소식이 주렁주렁 굴비처럼 장식되어 있거든요. 절대로 안 들어갑니다. 술김에도, 잠결에도, 실수로라도 클릭하지 않습니다.

그런데 말이죠. 놀랍게도 얼마 전 만화가들의 사교모임에 초대를 받았지 뭡니까. 업계인들을 멀리하자는 제 원칙을 고수해야 하나 말아야 하나 한참을 고민하다 결국 초대에 응했는데요. 대화를 나누면서 깜짝 놀랐어요. 저와 같은 이유로 만화 플랫폼의 메인화면에 들어가지 않는 만화가들이 생각보다 많더라고요. 저만이 나이 먹도록 한심하게 질투에 휘둘리는 줄 알았는데, 정도의 차이는 있을지언정 누구도 질투에서 완벽하게 자유로운 사람이 없는 겁니다. 허허 이럴 수가. 나들 힘들다는 걸 알고 나니 질투가 살짝 누그러졌어요. 역시 우리 인간은 서로에게 만병의 근원이자 최고의 치료제인 것 같습니다.

이래놓고 오늘 아침에도 또 한바탕 질투 푸닥거리를 했습니다. 남의 글을 많이 읽으면 내 글도 술술 잘 나올까 싶어서 요즘 꽤나 잘 팔린다는 누군가의 산문집을 읽었는데, 글쎄 너무 재밌어서 짜증이 난 거예요. 요즘 산문집 트렌드가, 최대 다수가 공감할 만한 정서를 기발하고 재치 있는 표현을 적절히 섞어 술술 잘 읽히게 써내는 거잖아요. 동종업계 종사자라 그런지 그걸 솜씨 좋게 해낸 작품을 보면 화가 치밀어요. 다 아는 생각, 다 아는 표현인데 와씨 이걸 이렇게 포장해서 파네? 내가 먼저 썼어야 했는데! 마치 계약서에 도장 찍기 직전의 집을 코앞에서 가로채인 듯한 말도 안 되는 억울함에 사로잡히는 거죠.

억울함은 질투만큼이나 건강하지 못한 감정이고, 건강한 정신은 건강한 몸에서 나온다고 하지요. 이를 악물고 체육관에 가서 근력운동을 했습니다. 온몸이 바들바들 떨리는 고통의 시간을 보내고, 그래도 못난 감정을 근육으로 전환한 스스로를 기특해하며 집에 돌아왔습니다. 그러다 우연히 인터넷에 떠도는 '어떤 미국 만화가의 그림 실력 비결'이라는 제목의 사진을 봤어요. 질투심에 온몸이 바들바들 떨렸습니다. 아니 만화가가 무슨 보디빌더처럼 전신이 갑옷 같은 근육으로 뒤덮여 있더라고요. 그 정도 근육량이면 허리 손목 어깨 통증 없이 천년만년 꼿꼿한 자세로 만화를 그릴 수 있겠더라니까요? 하, 제 근육은 썰어도 수육 반 접시나 될까 말까인데. 질투가 났습니다. 나이 먹을수록 다른 거 다 필요 없고 근육 많은 사람이 제일 부러워요. 앞으로 더 열심히 운동해야겠습니다.

그러고 보면 질투는 참 쓸모 있는 감정인 것 같아요. 더 나은 사람이 되는 에너지로서 가장 폭발력이 좋으니까요. "질투는 나의 힘"이라는 표현이 생각나네요. 질투가 가진 긍정적 속성을 여섯 글자로 깔끔하게 압축해 내다니, 기형도 시인의 표현력에 질투가 납니다. 흥!

나는 웹툰이 싫다

안녕하세요, 편집자님. 즐거운 주말 보내셨는지요. 원고가 또 늦어서 죄송합니다. 그게…… 간만에 인터뷰 요청이 와서 잠깐 시내에 나갔다 왔거든요. 그런데 그날 받은 질문 중 하나가 묘하게 계속 마음에 걸리더라고요. 이참에 겸사겸사 편집자님께 말씀드리며 생각을 좀 정리해볼까 합니다. 그 질문은 다름 아닌,

"요즘 재밌게 본 웹툰 있으세요?"

입니다. 평범하죠? 만화가로 활동하며 가장 많이 받은 질문 중 하나이기도 하고요. 하지만 번번이 말문이

막힙니다. 어떤 면에선 막히는 게 당연한 것 같기도 하지만요. "제일 좋아하는 ○○은 무엇인가요?" 사실 이게, 질문자는 쉽게 쉽게 툭 던지지만 답변자는 고민하다 미쳐버리는 대표적인 질문이잖아요. 잔인하지 않습니까. 세상에 좋은 게 얼마나 많은데 어떻게 딱 하나만 꼽으라고 합니까. 물론 '갓작 띵작 꿀잼작'이 하루가 멀다 하고 쏟아져서 선택 행위 자체가 스트레스를 유발하는 요즘 세상에선 어느 한 사람에게 선택의 부담을 떠넘기고 억지 정답을 쥐어짜는 가학적 스포츠가 유행할 수밖에 없긴 하지만, 문제는 제가 그 부담을 감당하기엔 너무 무식하다는 거죠. 재밌는 게 너무 많아서 선택이 어려운 게 아니라, 그냥 머릿속이 텅. 아는 게 없어서 할 말이 없어요.

엎친 데 덮친 격으로 '인터뷰는 작가와 작품을 홍보하는 천금 같은 기회이므로 어떻게든 잘 팔릴 만한 자극적인 멘트를 날려야 한다'는 부담감까지 더해져 더더욱 입이 떨어지지 않더라고요. 할 수 없이 "죄송한데 제가 뭘 잘 안 봐서요…… 그냥 산책하고…… 맛있는 거 먹으러 다니고…… 그런 게 제일 좋더라고요…….

허허허……" 하고 코딱지만도 못한 대답을 주뼛주뼛 내놓았고, 데뷔 때부터 줄곧 이상한 만화를 그려온 만화가답게 기기묘묘한 추천작을 줄줄 읊어줄 거라 기대했던 기자님의 표정은 '쳇! 재미없군, 건질 게 없네!'라고 책망하듯 싸늘해졌습니다. 곁눈질하며 눈치를 살피던 저는 찔끔 주눅 들었죠.

"혹시 이 작품 보셨나요?" 물어보면 십중팔구 저는 이렇게 답합니다. "아뇨…… 아직……." 부끄럽게도 문화계 종사자치고는 문화콘텐츠를 정말 안 챙겨 보는 편입니다. 작가 실격. 창작을 잘하려면 좋은 작품을 왕성하게 흡수해야 하는데, 큰일이죠. 어쩌다 이렇게 됐을까요. 한때는 제게도 만화, 영화, 드라마, 소설, 음악 등등에 푹 빠져 살던 시절이 있었는데, 요새는 무언가를 일부러 찾아보고 집중해야지 싶으면 벌써부터 피곤합니다. 나이 탓일까요. 서른이 넘으면 새로운 음악이 귀에 안 들어오고 이십대 이전에 듣던 것만 돌려 듣는다는 말이 있잖아요. 그런데 꼭 그렇지만도 않은 게, 저 마흔 넘었는데 최신곡 잘만 찾아 듣거든요. 화제의 책,

영화, 드라마, 예능프로그램도 제법 열심히 챙겨 보거든요. 그런데 왜 이렇게 가슴에 구멍이 휑하니 뚫린 것 같을까요. 굉장히 중요한 무언가를 일부러 빼먹은 느낌이 가시질 않아요. 대체 저는 무엇을 한사코 외면하고 있는 걸까요. 자문자답을 해봅니다. "들개이빨이 제일 싫어하는 콘텐츠는?" 이 질문에는 자신 있게 답할 수 있겠네요. 웹툰입니다.

호떡 장수가 호떡을 안 먹고 족발 장수가 족발을 안 먹는다고 하면 구구절절 설명해주지 않아도 왠지 그 이유를 알 것 같잖아요. 저도 마찬가지예요. 웹툰 장수가 된 뒤로 웹툰을 안 봅니다. 다만 재미가 없어서 안 보는 건 아니에요. 지인들이 어떤 작품을 강력 추천하며 억지로 떠먹여주면 마지못해 삼키곤 하는데, 매번 너무 맛있어서 깜짝 놀라요. 전부 흠잡을 데 없이 재밌고 훌륭합니다. 그게 문젭니다. 세상에 뭐 이렇게 능력자가 많나! 경악에 경악을 거듭하나 결국 체합니다. 멋진 작가들이 널렸는데 내가 뭐 하러 나대나 싶은 직업적 존재통에 한동안 죽도록 시달리죠.

좀 더 노골적으로 말해볼까요. 현존하는 모든 웹툰을

속되게 네 종류로 분류하겠습니다. 1) 인기와 재미를 다 잡은 웹툰. 2) 인기는 있는데 재미없는 웹툰. 3) 인기는 없는데 재밌는 웹툰. 4) 인기도 재미도 없는 웹툰.

각각의 경우를 하나씩 살펴보면 1) 흥미진진하게 읽다가도 울컥 화가 치밉니다. 난 죽었다 깨나도 범접할 수 없는 경지에 도달한 동시대의 실력자가 막대한 돈과 명성을 빨아들이고 있는 현실을 의식하지 않을 수 없죠. 질투로 속을 검게 태우다 깊고 깊은 무력감에 빠집니다. 2) 이딴 게 인기를 끈다고? 대중의 취향과 내 취향의 괴리에 절망하며 세상을 저주합니다. 3) 이런 걸작이 안 팔린다고? 형편없는 내 만화는 말할 것도 없겠네! 밑도 끝도 없이 자학하며 세상을 저주합니다. 4) 고통. 순수한 고통. 똥망작에 시간을 뺏긴 것도 짜증나는데 작가의 고통이 이해돼서 두 배로 괴롭습니다. 재미없는 작품도 작업이 힘들긴 마찬가지였을 텐데, 지금 이 작가는 낮은 수입과 악플 또는 무플이라는 2차 고통에 시달리고 있겠구나……! 아아……!

이런 이유로 저에게 웹툰은 결코 순수한 즐거움이 될

수 없습니다. 엄마 친구 자식들과 뷔페식당 와서 시험 점수 비교하는 기분이라고요. 근데요. 오해하시면 안 되는 게, 이 바닥 사람들이라고 다 이런 거 아닙니다. 제가 좀 유달리 꽈배기 간장 종지 심보인 거고요. 동료 웹툰작가님들 중에는 웹툰을 진심으로 좋아해서 웬만한 작품은 꼬박꼬박 다 챙겨 보고 남들한테 신나서 추천도 해주는 분들 정말 많습니다. 그런 작가님들의 작품에는 확실히 사람을 기분 좋게 하는 재미가 있어요. 같은 맥락에서 얼마 전 놀라운 광경을 봤어요. 동네 호떡집을 지나는 중이었습니다. 줄 서서 먹어야 할 정도로 장사가 잘되는 곳인데요. 글쎄 손님이 잠깐 뜸한 틈을 타서 사장님이 자기가 구운 호떡을 막 먹는 거예요. 호떡 먹는 호떡 장수 보셨나요? 신선한 충격이었습니다. 어찌나 맛있게 잡수시던지 이다음에 호떡이 먹고 싶어지면 꼭 저기서 사 먹어야지 결심하게 되더라니까요. 역시 자기 일을 사랑하는 사람은 빛이 납니다. 부러웠어요.

어쩌면 제가 웹툰과는 궁합이 영 안 맞는 체질인지도 모르겠습니다. 책장을 한 장 한 장 넘겨 보는 만화책은 여전히 즐겨 읽거든요. 만화. 아, 사랑합니다. 발음도 얼마나 좋아요. 마-놔. 나른-하게 화-악 피어오른 꽃 같잖아요. 웹툰은 발음부터 밉상이죠. 입을 웹! 하고 매정하게 다물었다 뚠-하고 얄밉게 뾰족 내미는 꼴이 아주 흉측합니다. 웹툰작가? 최악이죠. 이 단어가 사람이면 두들겨 팼을 겁니다. 한번 발음해보십시오. 웹!-뚠~자-까! 으! 쓸데없이 된소리가 끼고 중간에 미묘하게 한 템포 쉬는 구간이 진짜 느끼하고 재수없어요. 만화가. 얼마나 좋냐고요. 마놔가- 받침이나 된소리 하나 없이 물 흐르듯 자연스러운 발음에다가 세 글자밖에 안 돼서 경제적이죠. 이 정갈한 호칭이 웹툰작가 같은 너저분한 네 글자짜리 신조어에 밀려 입지가 좁아진 현실을 저주합니다.

죄송합니다. 좀 흥분했네요. 마음을 가라앉혀야겠어요. 유튜브에 들어갑니다. '정치 생명 끝장난 ○○' '이 코인 무조건 열 배 갑니다' '쫄딱 망해서 경매로 나온 호화 주택 탐방기' '매일 먹으면 10년이 젊어지는 음식' '오십대에 절대로 해서는 안 되는 다섯 가지' '모든

"죄송합니다, 편집자님. 이 산문집의 진짜진짜최최최종 마감일은 언제인가요?" 문장 너머로 초조한 얼굴과 떨리는 손끝, 머리 위로 솟아나는 진땀까지 생생히 보이는 듯합니다.

『진짜진짜최종』은 15년간 쓰고 그려온 웹툰작가 들개이빨의 신작 산문집입니다. 매번 원고 마감을 지키지 못하는 작가가 편집자에게 보낸 '읍소의 편지'이지요. 그는 거듭해서 스스로를 게으르고 재능 없는 자격 미달이라 자학하지만, 사실은 압니다. 이름이 곧 장르라 일컬어질 만큼 오랜 시간 꾸준히 자기만의 작품을 선보인 사람만이 할 수 있는 말이라는 것을요.

작가는 이 책에서 자기 내면의 밑바닥까지 싹싹 긁어 보여줍니다. 누군가를 질투하느라 한 글자도 쓰지 못하고, 객관화라는 미명의 실언으로 강연 기회를 날리고, 칭찬을 받아도 금세 불안에 시달리죠. 하지만 이면을 들여다보면 그는 질투를 창작의 땔감으로 사용하고, 누구보다 냉철하게 업에 대해 평가하며, 불안해도 버티면서 계속 다음으로 나아갑니다. 작가 특유의 거침없는 말발과 유머는 읽는 사람을 시종일관 압도하고요.

이제는 사람들이 자주 헷갈려하는 '들깨이빨' '늑대치아'도 동업자로 생각한다는 그가 끝끝내 완성해낸 눈물겨운 편지를 독자님께 전합니다.

마음산책 드림

게 헛되고 헛되고 헛되다: 개빨스님의 일침' 등등. 이런 영상을 멍하니 틀어놓고 있을 때가 제일 마음 편하더라고요. 늙긴 늙었나 봅니다. 친구가 제 유튜브 알고리즘을 흘끗 보더니 무슨 자기 아빠보다 더 아저씨 같은 걸 보고 있냐고 핀잔을 주더군요. 아저씨가 뭐 어때서. 내 맘 같지 않게 변해버린 세상과 그에 적응하지 못하는 스스로에게 화가 나서 영상으로 속을 좀 가라앉히려는 건데, 그런 게 아저씨라면 이제부터 난 아저씨다!라고 속으로 생각했죠.

이런 제가 걱정된다는 듯, 가끔 알고리즘이 성공한 웹툰작가 인터뷰라든가 만화 스토리 작법 관련 영상을 불쑥 띄워 올려주는데요. 그때마다 화들짝 놀라 얼른 '관심 없음' 버튼을 눌러버립니다. 어딜 감히 쉬는데 일 얘기를 꺼내가지고 기분을 잡칩니까. 인공지능이 사람 비위 맞추려면 아직 멀었습니다.

하지만 이제 생각을 고쳐먹으려고요. 즐겨 보는 건강 채널에 출연한 의사 선생님이 이런 말씀을 하시더라고요. 몸 편하고 마음 편한 것만 찾으면 빨리 늙고 병들고 밍칭해진다고요. 등짝을 얻어맞은 기분이었습니다. 여기서 더 멍청해지면 곤란하죠. 아직 그리고 싶은 게 많은데요. 나가서 걷고, 뛰고, 웹툰을 봐야겠습니다. 치매 예방을 위해 웹툰으로 뇌에 스트레스를 팍팍 줘야겠어요. 내일부터요. 일단 오늘까지는…… '급매물! 무인도 탐방기' '청량리 맛집 BEST 15' '간을 죽이는 최악의 음식' '반드시 손절해야 하는 인간' 영상을 틀어놓고 뒹굴거리려고요. 헤헤!

관계 속에서

악플을 연구하는 무리들

면목 없습니다, 편집자님. 글이 또 너무 많이 늦었죠. 이번에 늦은 이유는…… 제가 악플을 받았거든요. 사실 표현만 놓고 보면 악플이라고 매도하기 죄송할 정도로 점잖은 축에 속하는 댓글이었어요. 악플 하면 흔히들 떠올리는 심한 비속어나 사생활 및 신상 정보 무단 유출이나 근거 없는 비방 협박 같은 것이 전혀 아니었습니다. 그런 건 영혼에 타격을 주지 않아요. 길바닥에 똥 누는 사람을 보고 상처받지는 않잖아요. 불쾌하긴 할지언정. 끽해야 아이고, 저분은 백주 대낮에 스스로 팬티를 내리지 않으면 도저히 못 견딜 만큼 절박한 사정이 있으신가 보다, 하는 동정심 정도가 추가될까 말까죠. 심하면 법적조치를 취하면 되고요.

요컨대 쌍욕으로 도배된 댓글은 작성자의 유치함과 천박함을 보여주는 증거 그 이상도 이하도 아니기에 얼마든지 툭 털어버리고 지나갈 수 있습니다. 제가 번번이 발이 걸려 넘어지는 댓글은 따로 있습니다.

초기부터 지켜봐온 오랜 팬이라 이번 작품도 기대가 컸는데 크게 실망했습니다. 그림도 별로고 스토리도 엉망진창이고 모든 게 무너진 것 같아요. 독자를 우습게 아는 것 같아서 화가 나네요. 여기서 하차합니다.

이런 유형의 댓글에 저는 늘, 시쳇말로 제대로 '긁힙니다'. 별것도 아닌데 볼 때마다 꼬박꼬박 속이 뒤집어져서 분해죽겠어요. 그런데 과연 이게 별것도 아닌 일인가 싶기도 합니다. 가만 보면 이 댓글에는 창작자의 마음을 상하게 하는 고전적 기술이 충실하게 담겨 있어요. '작가 후려치기'가 주제문으로 제시된 논술시험의 모범 답안으로 보이기까지 합니다. 분석할 가치가 있죠. 제가 한번 가볍게 해봤는데요.

1 초기부터 지켜봐온 오랜 팬이라 이번 작품도 기대가 컸는데 = 나는 네 만화에 돈과 시간과 마음을 들인 VIP 고객이다.

2 크게 실망했습니다. 그림도 별로고 스토리도 엉망진창이고 모든 게 무너진 것 같아요. = 너보다 만화를 더 냉철하고 객관적으로 평가할 수 있는 심판관으로서 말하건대, 내가 봐도 재미없는 걸 보니 이번 작품은 완전히 망했다.

3 독자를 우습게 아는 것 같아서 화가 나네요. 여기서 하차합니다. = 그동안 들인 내 돈과 시간과 마음이 아까워서 화가 난다. 다시 보지 말자. 넌 이제 작가 인생 끝장이다.

각 단계를 차근차근 밟아가며, 우아하게 장갑 낀 손으로 비수를 팍팍 꽂고 있습니다. 심장을 정확히 노려서요. 내 편이었던 사람이 내뱉는 모진 말이 내게 아무 관심도 없는 시정잡배의 막말보다 훨씬 아프다는 진리를 본능적으로 체득한 공격. 알면서도 늘 당합니다. 일단 너무 화가 나요. 기껏 돈 주고 산 만화가 재미없어서 화가 나신 댓글 작성자분 입장에서는 이게 무슨 적반하장인가 싶으시겠지만 아무튼 저도 화가 난단 말입니다.

저는 온라인 공간에 댓글을 쓰지 않는 인간입니다. 아주 가끔 음식점 영수증 이벤트 때문에 "밥이 너무 맛있고 사장님이 친절합니다~♡" 따위의 있으나 마나 한 후기나 마지못해 남기는 정도지 제 견해나 주장을 담은 댓글, 특히 누군가를 공격하는 댓글은 절대로 달지 않아요. 어지간한 불만은 속으로 삼킵니다. 식당 밥이 맛없거나 구입한 옷이 마음에 안 들거나 책이 더럽게 재미없어도 상품의 생산·판매자와 가급적 마찰을 일으키려 하지 않아요. 피차 귀찮고 피곤하니까요. 그래서 저를 정확히 겨누고 악의를 쏟아내는 댓글을 보면 저로서는 상상도 못 할 적극적인 무례함에 미치도록 화가 치밉니다. 아니 상식적으로 독자를 우습게 봐서 자기 만화를 망치는 정신 나간 작가가 세상에 어디 있겠습니까? 능력이 부족해서 그런 거지. 그리고 곧, 어마어마하게 깊은 자괴감에 빠져듭니다. 왜냐. 실은 저도 그분 의견에 동의하거든요.

프로 작가로 활동한 지 15년도 더 된 인간이 할 말은 아니지만, 저는 제 만화에 자신이 없습니다. 머릿속에 무언가가 자꾸 만화의 형태로 떠오르니 일단 그리고는 있고 감사하게도 사겠다는 분들이 잊을 만하면 나타나주셔서 굶어 죽지는 않고 있는데요. 이게 재밌는 건지 뭔지 확신을 못 하겠어요. 가끔 자기 작품에 단단한 자부심을 보이는 작가님들을 보곤 하는데, 진짜 세상에서 제일 부럽습니다. 저는 남들에게 제 만화를 자신 있게 추천하는 짓은 죽었다 깨나도 못 할 거거든요.

예. 저는 늘 불안해요. 제 만화를 재밌어하는 분들이 가끔 칭찬을 해주시면 너무 기쁘고 감사하지만 속으로는 믿지 않습니다. 그리고 이내 더 큰 불안에 시달립니다. 내가 어쩌다 잠깐 물이 오른 모양인데 곧 단물 다 빠지고 아무도 날 찾지 않겠지. 불안에 사로잡혀 위태롭게 일하다가, 결국 우려했던 바가 그대로 현실이 됩니다. 만화가 재미없어집니다. 기다렸다는 듯 악플이 속속 버섯처럼 돋아납니다. 이게 뭐냐. 재미없다. 감 떨어졌다. 그만둬라. 죽고 싶어집니다. 약간은 시원한 마음도 듭니다. 봐, 내 말대로지. 나 쓰레기 맞잖아. 셀프 예언이 적중했다는 절망의 쾌감. 칭찬은 가짜 같고 악담만 진짜같이 느껴지는 성격.

악플이 사람 잡는다고는 하지만 그건 수위 높은 모욕을 당하는 연예인에게나 해당되는 얘기일 텐데, 감히 비교해도 될까요. 제가 받은 악플은 악플이라고 하기도 죄송한 수준인데요. 모르겠습니다. 댓글창. 타인에게 악감정을 쏟아낸 것에 대해 아무런 리스크를 지지 않아도 되는 시스템. 이런 것들이 존재하는 한 악플은 사라지지 않을 텐데. 저는 웹툰과 맞지 않는 나약한 인간일까요. 독자의 의견을 출판사가 받아주는 과거로 돌아가면 좀 편해질까요. 엽서에 손 글씨를 쓰고 우표를 붙여 집 밖의 우체통에 집어넣어야 하는, 금전적·정신적·물리적 진입 장벽을 넘어야만 의사를 전달할 수 있는 과거로 돌아가면 쾌적하게 만화를 그릴 수 있을까요. 여전히 모르겠습니다.

아무리 생각해도 제 목소리를 손쉽게 전파할 수단을 모두가 쥐고 있는 지금은 작가들의 지긋지긋한 넋두리를, 독자들의 가시 돋친 비아냥을, 서로 너무 가까이서 듣고 있는 것 같아요. 하지만 이 와중에도 어떤 작가님들은 시스템을 현명하게 잘 활용하여 독자들과 재미있게 소통하고 스타성을 드높이며 멋지게 활동하고 있으니…… 하하. 결국 어느 시대나 자기 하기 나름. 저는 무엇을 할 수 있을까요.

무거운 마음을 안고 작가들 모임에 갔습니다. 집 밖으로 한 발짝도 나가기 싫었지만 계속 집에 있다가는 송장이 될 것 같아서 억지로 나갔는데, 그러길 정말 잘했어요. 대부분의 작가님들이 악플에 대해 비슷한 경험을 했더군요. 심지어 한 분의 말씀을 듣고 놀랐습니다. 마음에 안 드는 작가에게 되도록 큰 정신적 타격을 입히고 활동을 중단하게 만들 만한 악플을 연구하는 무리들이 모처에 존재한다고 하더군요.

그들이 즐겨 쓰는 레퍼토리 중 하나가 처음에는 오랜 팬이라며 칭찬을 하다 만화의 전개가 어딘지 묘하게 흘러가고 슬슬 불만이 나올 만한 중반쯤에 그동안 재미있게 봤는데 실망했다며 불만을 토로하고, 만화가 얼마나 형편없는지 악평으로 난도질한 뒤 하차 선언을 한다는 것입니다. 제가 받은 악플과 구조가 너무 똑같아서 충격을 받았습니다. 작가님들의 반응조차 저와 똑같았어요. 그 악플이 솔직히 틀린 말은 아니라서, 나조차 계속 찜찜하게 생각하고 있던 내 만화의 단점을 가차 없이 후벼 파서 더더욱 화가 치밀었다고요.

하지만 악플에 잔뼈가 굵은 작가님들은 강조했습니

다. 악플이 짐짓 준엄하게 설파하는 '냉혹한 진실'에 전혀 혹할 필요 없다고요. 냉정히 생각해서 악의에 찬 그 댓글 하나가 내 작품의 가치를 100퍼센트 반영할 리 없지 않겠습니까. 그리고 어떤 작품의 장점을 논하는 것이 나쁜 점을 헐뜯는 것보다 훨씬 고난도의 평론 작업이라는 의견도 인상적이었습니다. 생각해보니 그렇더라고요. 모여서 남 욕하는 건 쉽고 재미있는 스포츠지만 공개적인 칭찬은 아무래도 좀 더 섬세한 정신력을 요하는 일이잖아요. 새삼 칭찬해주시는 분들의 소중함이 확 와닿더라고요.

악의를 무책임하게 발산하고 사라지기 편한 환경임에도 일부러 귀한 에너지를 써서 응원해준 사람들. 굳이 악플을 되뇌며 고통받는 건 그분들의 선량한 에너지를 헛되게 하는 일이라는 생각이 들었습니다. 생존을 위해 부정적인 신호에 더 민감하게 반응하게끔 설계된 인간의 뇌 때문에 100마디의 좋은 말보다 한마디의 욕을 더 크게 받아들일 수밖에 없겠지만, 그래도 노력해야지 어쩌겠습니까. 결함투성이 원시인의 뇌를 현대에 맞게 잘 좀 고쳐 쓰며 살라고 학습이라는 게 존재하는 것 아니겠습니까.

타산지석이라고, 덕분에 확실히 배운 건 하나 있습니다. 앞으로 저는 어떤 망작을 보더라도 당신 작품은 완전히 무너졌다는 말을 하지 않으려고요. 무너졌다면 다시 쌓아 올리면 되니까요.

어둠의 관종

안녕하세요, 편집자님. 잘 지내셨는지요. 이번 글은 왜 또 늦었냐 하면, 죽고 싶었기 때문입니다. 사인이 될 뻔한 사건은 전에 말씀드린 인터뷰입니다. 온라인에 공개된 인터뷰기사를 확인하고 지구에서 뛰어내릴 뻔했습니다. 촬영감독님의 강요에 가까운 지시에 따라 평소 거의 쓰지 않는 얼굴근육을 억지로 비틀며 영업용 미소를 만들어내느라 진땀을 뺐던 그 사진. 촬영 시작과 동시에 처참한 결과를 예감했던 저의 전신사진이, 기사 서두에 대문짝만하게 실린 겁니다. 영광인데요. 죽고 싶었습니다. 얼굴이 찌그러진 표주박같이 나왔더라고요.

소싯적에 동경하는 예술가의 인터뷰를 읽으며 생각하곤 했습니다. 이 사람은 자기가 얼마나 자랑스러울까. 유명 인사들과 예술이나 인생을 논하며 탁월한 식견을 과시하고, 그걸 받아 적어 기사화해주는 기자들이 있고, 잡지에 근사한 사진도 실리고. 부럽다. 진짜 갖고 싶은 인생이다. 하하. 꿈꿔왔던 일의 실상을 깨닫는 건 어른의 특권일까요, 불행일까요. 겪어보니 마냥 좋아할 일이 아니더군요.

작가 인터뷰란 고강도 압박 면접과 환갑잔치가 뒤엉킨 기이한 업무였습니다. "작가님 진짜 천재세요" 같은 터무니없는 찬사와(이 바닥에서 '천재'라는 말이 진짜 천재를 가리키는 경우는 드물죠. 사실상 마케팅용 포장지라고 봅니다) "학교 어디 나왔어요?" "외모가 생각했던 거랑 다르네요?" 같은 무례한 질문을 적당히 흘려 넘기며 최적의 답변을 내놓아야 하는 곡예였습니다. 낯가림 심하고 말주변이 없는 저에게는 아주 어려운 일인데요. 그나마 다행인 건 본업과 밀접하게 관계된 일이라 그런지 도망치지 않고 버틸 만큼의 책임감이 딱 생겨주더라고요. 그리고 하다 보면 또 즐거워요. 저에게 관심 있는 사람과 양질의 대화를 나누는 것만큼 황송하고 호사스러운 쾌락도 드물잖아요. 사진 촬영이라는 지뢰가 껴 있어서 문제지만.

"혹시 사진 촬영해도 될까요?" 코앞에 닥친 마감만큼 난처한 요청입니다. 마음 같아선 딱 잘라 거절하고 싶죠. 자기 얼굴을 대중에 공개하고 싶어 하는 작가가 몇이나 될까요. 별로 없을 겁니다. 모순된 태도로 보이려나요. 창작자란 원래 역사와 전통을 자랑하는 관심종자인데 말입니다. 아무도 물어보지 않았는데 자기 가치관과 망상과 실제 경험 따위를 여기저기 떠벌리고 다니는 족속이지 않습니까. 하지만 관종 성향과 얼굴 노출은 별개의 문제죠. 내 몸뚱이가 주목받길 원했다면 연예인을 하지, 열흘 동안 밖에도 못 나가고 꼼짝없이 책상에 붙어 있어야 하는 직업을 택하진 않았겠죠. 요컨대 작가란 어둠의 관종. 그중에서도 만화가의 어둠이 가장 깊지 않을지, 당사자로서 감히 말해보겠습니다.

비현실적으로 아름다운 인간을 가리켜 흔히들 "만화를 찢고 나왔다"고 하잖아요. 아무래도 '만화'라고 하면 가장 먼저 떠오르는 게 멋짐·귀여움·아름다움·섹시함과 같은 인간의 매력을 극도로 과장되게 미화한 그림체이기 때문일 겁니다. 그러한 비현실적 비주얼에 과하게 집착하는 인간들이 만화를 그리고 싶어 하는 경향이 강한 걸까요, 아니면 만화를 너무 열심히 그리다가 외모 평가의 기준점이 만화 그림체가 돼버린 걸까요. 닭이 먼저인지 달걀이 먼저인지는 모르겠지만 아무튼 이상적이라고 생각하는 외모와 현실 속 자기 얼굴 간의 격차를 민감하게 의식하는 인간이 만화 판에 많은 것 같긴 합니다. 적어도 저는 그래요.

저의 외모를 최대한 객관적으로 평가해보면, 그저 그렇거든요. 할 말이 없을 정도로, 진짜 그저 그렇습니다. 길바닥에 떨궈놓으면 누구의 이목도 끌지 않는 '행인 3' 정도의 등급이랄까요. 자부심도 콤플렉스도 부려 품을 필요 없이 그냥 평범한 일상에 감사하며 살면 됩니다. 그럼에도 제 외모를 호들갑스럽게 수치스러워하는 건, 깔끔하게 살균된 2D 캐릭터가 아니면 추하다고 생각하는 어둠의 직업병에 걸렸기 때문이 아닌가 싶은 거죠. 게다가 저 역시 남의 외모에 대한 속물적인 호기심이 없는 게 아니라서 종종 좋아하는 만화가의 사진을 다소 음습한 열의를 품고 찾아보곤 하거든요. 그 행위가 만화 감상에 긍정적인 영향을 미친 적은 한 번도 없었어요. 오히려 방해가 됐죠. 예쁘고 못생기고의 문제가 아니에요. 내가 사랑했던 이차원의 평면 세계를 창조한 삼차원 인간의 육신을 눈으로 확인하는 것 자체가 그냥 확 깹니다.

그 외모에 배어 있는 세속적인 정보들이 마음을 혼탁하게 만들어요. 나이, 성별, 외모, 인종, 학력, 교양, 사회적 지위, 출신 지역 등등. 그래서 저는 꽁꽁 숨으려고요. 이중에서도 특히 들키면 치명적인 정보가 있거든요. 그것은 바로, 제가 무려…… 여자라는 사실이죠! 아시다시피 불특정 다수에 노출된 여성의 육체는 툭하면 조롱받고 모욕당하고 범죄의 표적이 되잖아요. 예. 이런 이유로 만화 일을 시작할 때 결심했습니다. 절대로 얼굴을 공개하지 않겠다고. 독자에게 과잉 정보를 제공하지 않기 위해. 그리고 저를 지키기 위해.

하하. 그때부터 어째 불길하더라니. 제가 굉장한 의지박약이라 결심을 제대로 지킨 적이 없다는 걸 왜 맨날 까먹나 모르겠네요. 무언가를 감추고 살려면 생각보다 굳은 의지가 필요하다는 것도 몰랐고요. 이렇게나 무지하고 나약한 저는 역시나 현재, 얼굴을 홀랑 까놓고 활동 중입니다. 그 이유를 몇 가지로 정리해봤습니다.

효도

2014년 『먹는 존재』로 오늘의 우리만화상을 수상했습니다. 너무나 기쁜 한편으로 걱정이 태산처럼 밀려왔습니다. 상 받으러 시상식장에 가면 사진 촬영을 당해야 하잖아요. 생각만 해도 몸이 떨릴 정도로 공포스러워서 병이 났다고 둘러대고 『먹는 존재』 연재처의 PD님께 대리 수상을 부탁드리려고 했습니다. 그러나 부모님의 완강한 반대에 부딪쳤죠. 가문의 영광인데 왜 범죄자처럼 얼굴을 가리고 숨느냐, 사회생활 잘하려면 열심히 얼굴도장을 찍고 다녀야지 뭐 하는 거냐, 자식이 상 받는 것 좀 보러 가면 안 되냐! 괴로웠지만 그동안 만화 그린다고 설쳐서 속 썩인 걸 생각하면 부모님께 그 정도 대접은 해드려야 할 것 같았어요. 효도하는 심정으로 죽지 못해 단상에 올라 상을 받았습니다. 최소한의 신변 보호를 위해 평소 절대로 하지 않는 양 갈래 머리를 하고 큰 뿔테 안경을 쓴 채로요. 그 결과, 누가 봐도 너무너무 너무너무 사진 찍기 싫어서 입이 댓 발은 튀어나온 '안경 양 갈래 머리 여자'의 모습으로 박제되고 말았죠.

소심함

거절을 힘들어하는 성격입니다. 얼굴 노출도 괴롭지만 사진 촬영을 해도 되냐는 부탁을 매번 거절하는 것도 그 못지않게 괴롭습니다. 그동안은 전자의 괴로움이 간발의 차로 앞섰는데, 2022년 산문집 『나의 먹이』를 발표하고 나서는 후자의 괴로움이 훨씬 커졌습니다. 왜냐하면 만화는 시각예술이잖아요. 그래서 인터뷰기사에 제 얼굴 사진이라는 그래픽 자료를 직접 그린 만화 컷으로 대체해도 얼추 넘어갈 수 있거든요. 그런데 산문집은 활자예술. 글씨밖에 없단 말이에요. 작가의 사진, 영상, 음성 인터뷰가 없으면 확실히 홍보에 한계가 있더군요. 방구석에 이불 덮어쓰고 숨어 있자니 마음이 너무 불편했습니다. 애써서 책을 만들어주신 출판사분들께 면목이 없었어요. 그래서 번지점프하는 심정으로 제 얼굴과 목소리가 노출되는 모든 인터뷰에 응했습니다. 그 결과, 뻣뻣하게 굳은 얼굴 사진과 촉새같이 횡설수설하는 기이한 음성파일 들이 박제되고 말았죠.

노화

늙을수록 채소를 잘 먹는 이유가 미각이 둔해져 쓴 맛을 못 느끼기 때문이라면서요. 마흔이 넘으니 확실히 어릴 때 민감하게 신경 쓰던 일들에 훨씬 관심이 덜 가더라고요. 성숙해져서 그런 것 같진 않아요. 어리석고 미숙한 건 예나 지금이나 똑같지만 정신이 둔해지고 주책이 없어져서 그냥 막 불러주는 대로 좋다고 나가 아무 말이나 지껄이는 인간이 된 것뿐이라는 생각이 듭니다. 한 가지 소득이 있다면, 그 과정에서 머리로만 알고 있었던 진리를 가슴으로 받아들이게 됐다는 거죠.

인간은 남에게 관심이 없다. 늙고 안 예쁜 여자에겐 더더욱. 젊고 아름다운 육체의 이미지가 넘쳐나는 이 세상에 내 얼굴 사진 몇 장 띄워 보내봤자 철저한 무관심 속에 떠내려갈 거라는 확신이 들었습니다. 그러니까 얼굴을 공개해도 내 걱정보다 안전하지 않을까 싶었던 거죠. 예상대로 얼굴 공개 이전과 이후의 삶에는 별 차이가 없었습니다. 편집자님도 온라인에서 제 사진 보신 적 없으시죠? 보셨어도 생각 없이 넘기셨을 테고요. 그래요. 저도 딴 작가들 인터뷰 사진 보면 잠깐 "오" 하고 들여다봤다가 금방 잊어먹거든요. 무관심, 망각, 알 게 뭐냐, 그러려니 정신! 노화의 축복입니다. 이런 추세라면 〈전국노래자랑〉 맨 앞자리에서 덩실덩실 춤추는 할머니가 되는 것도 꿈이 아닐 것 같습니다.

……라고 생각했던 제가 오만했습니다. 역시 인생, 쉽지 않더군요. 이번 인터뷰기사가 떴다는 연락을 받고 등짝에 불붙은 사람이 물에 뛰어들듯 허겁지겁 기사 링크를 클릭했습니다. 그랬다가 제 사진이 뜬 순간, 저도 모르게 양손으로 눈을 확 가렸어요. 공포영화를 보는 겁쟁이 관객처럼. 두어 번 심호흡을 하고 손가락 틈으로 슬쩍 들여다본 제 얼굴은……! 아 제기랄. 화면을 팍 꺼버렸습니다. 와…… 내가 이렇게 생겼다고?! 지인들에게 연락이 왔습니다. 인터뷰 잘 봤고 사진 잘 나왔다고요. 따뜻한 칭찬에 치명상을 입고 쓰러졌습니다. 와…… 내가 이 사진보다 못생겼다고?

남이 촬영한 내 얼굴의 견딜 수 없는 못생김. 죽기 전엔 익숙해질 수 있을까요. 엎질러진 물 위에 주저앉아서 제가 그린 캐릭터가 저 대신 집 밖으로 뚜벅뚜벅 걸

어 나가 인터뷰도 하고 방송도 출연하면 좋겠다는 만화적인 망상에 빠져봅니다.

화제의 신작
천재작가 김대박
검색 중
김대박 작가 나이
나보다 연상
왠지 모를 희망
나보다 연하
왠지 모를 심기 불편

이제는 그런 바보짓을 하지 않는다.
어차피 웬만하면 나보다 어려.
베스트셀러
스테디셀러
이달의도서
MD 추천

만화카페
방문기

안녕하세요, 편집자님. 오늘은 간만에 기분이 좀 좋습니다. 만화카페에 다녀왔거든요. 계획했던 건 아니고요. 약속 장소에 갔는데 너무 일찍 도착한 거예요. 날은 덥고 시간은 남아돌고, 난감하던 차에 마침 만화카페가 시야에 딱 들어와서 반사적으로 들어갔던 거죠. 평소의 저라면 있을 수 없는 일입니다. 간판에 '만화'나 '웹툰'이 붙은 건물에는 절대로 안 들어가거든요. 글자만 봐도 야근하러 끌려들어 가는 기분이 들어요. 몇 년 전 동생네 식구 틈에 껴서 여행 갈 일이 있었는데, 동생놈이 제가 좋아할 줄 알고 무슨 시립 만화박물관을 여행 코스에 굳이 끼워 넣어서 기겁하며 도망쳤던 일이 떠오릅니다.

예. 충분히 오해할 수 있어요. 만화가란 무조건 '만화'가 붙은 모든 것을 좋아하는 사람일 거라고요. 그런 작가들도 물론 있겠지만 저는 아닙니다. 특히 나라에서 세운 만화박물관을 측근들과 방문하는 일만큼은 피하고 싶어요. 어느 경우에도 속 편하게 전시를 즐기는 관람객으로 존재하기 어렵습니다. 제 만화가 없는 박물관에 간다면 "(벽에 붙은 유명 작가의 사진을 가리키며) 이 작가랑 친하냐?" "너도 빨리 유명해져서 이런데 이름 석 자를 박아야 하지 않겠냐?" 같은 잔소리를 듣게 되고요. 지극히 희박한 확률이지만 제 만화가 전시된 곳에 간다면 측근들의 성화에 못 이겨 만화 앞에서 어색한 포즈와 어색한 미소를 띤 채 강제로 기념사진을 찍어야 하는 불상사가 생기거든요.

이런 연유로 한사코 피하려고만 했던 만화와 관련된 공간을, 실로 오랜만에 들어가보았습니다. 카페에 처음 발을 들여놓았을 땐 좀 얼떨떨했어요. 제가 알던 만화방은 어두컴컴하고 담배 연기 자욱한 일탈의 공간이었는데, 요즘 만화카페는 밝고 깔끔하고 동글동글한 가구들이 단정하게 배치되어 있고 온갖 음료와 주전부리까지 야무지게 갖춰둔 게 무슨 늦둥이 자식을 본 부모가 정성껏 꾸며놓은 공부방 같더라고요. 영 낯설었지만 곧 익숙한 기쁨이 찾아왔습니다. 벽면을 가득 채운 수천 권의 알록달록한 만화 단행본이 눈에 들어온 순간, 마음속 깊은 곳에 말라비틀어진 채 방치됐던 만화 사랑이 언제 죽었냐는 듯 생생하게 되살아나더라고요. 신이 나서 이것저것 마구 고르다 보니 턱끝까지 책이 쌓였습니다. 한 아름 안아 들고 맡아둔 자리로 가서 조금은 위생이 의심되는 쿠션에 등을 기대고 책을 펼쳤습니다. 어떤 만화를 골랐냐면요.

『명탐정 코난』 106권

책장에서 코난을 발견하자마자 탄식이 절로 나왔습니다. 세상에, 아직도 완결이 안 났다니. 중학생 때 보던 만화였는데 말이죠. 동종업계 종사자로서 작가의 지구력에 경의를 표합니다. 이렇게 전 지구적 메가 히트를 친 작품은 작가가 맘대로 그만둘 수 없긴 하지만요. 작품에 생계가 달린 사람들이 엄청나게 많아졌을 테니 말입니다. 제작진의 사정이야 어떻든 반가운 마음에 마지막 몇 권을 뽑아 왔는데요. 내용의 80퍼센트에 집중하지 못했습니다. 일단 제가 추리물에 관심이 없어졌어요. 골치 아프게 범인을 찾아내는 게 싫고 그냥 이미 밝혀진 범인을 마구 때려잡는 액션물이 좋습니다.

그런데 못 본 사이에 추리 과정이 엄청나게 장황해졌더군요. 말풍선마다 깨알 같은 대사가 신문지처럼 빽빽하게 채워져 있는데, 도저히 못 쫓아가겠더라고요. 훌렁훌렁 넘겼죠. 추리만화에서 추리를 뛰어넘으니 한 권을 다 읽는 데 10분도 걸리지 않았습니다. 그래도 영원히 미성년에 머무르고 있는 코난과 란과 친구들의 얼굴을 간만에 봐서 행복했어요. 어느 각도에서 보아도 무너짐이 없는 완벽한 작화도 여전히 감탄스럽고요. 제 환갑 전에는 코난의 정체가 밝혀지고 란과 사귀게 되겠지요? 부디 그러길 빕니다.

『도쿄 리벤저스』 1권

'도리벤 도리벤' 말들이 많기에 대체 뭔가 했더니 이

만화, '도쿄 리벤저스'의 줄임말이더군요. 이렇게 본격적인 폭력만화, 참 오랜만에 봅니다. 제가 또 한때『짱』『상남 2인조』『GTO』『엔젤전설』같은 학원 폭력물에 푹 빠져 살지 않았겠습니까? 너무 빠진 나머지 지상 최강의 불주먹으로 거듭나고자 쿵후 도장에서 무술 수련까지 받았었죠. 하여간 간만에 본 미성년자들의 주먹질, 아주 재밌었습니다. 동시에 불안하고 서글펐어요. 제가 학창 시절에 즐겨 봤던 폭력물은 대체로 눈앞의 강한 악당들을 있는 힘껏 두들겨 패고 또 패고 계속 패다가 최고의 싸움꾼이 되는 단순한 내용이었습니다. 무조건적인 폭력 미화는 곤란하니 폭력은 폭력으로 망한다는 메시지가 고명처럼 슬쩍 얹혀 있긴 했지만, 어쨌든 무념무상 유쾌 상쾌 통쾌 호쾌한 에너지가 가득했단 말이죠.

그런데 '도리벤'에서 가장 인상 깊었던 건 작품을 짓누르고 있는 무기력감과 패배의 정서였습니다. 액션 연출의 박진감은 어느 폭력물 못지않게 훌륭한데도, 이상하게 뭔가 안타깝고 서글프더라고요. '도리벤' 뿐만 아니라 요즘 한국과 일본 콘텐츠들이 전반적으로 좀 그런 것 같아요. 경제 부흥기 때의 작품은 죽을힘을 다해 달리면 최고가 된다는 대책 없는 긍정의 에너지가 가득했거든요. 그런데 언젠가부터 지속되고 있는 경기침체와 양극화가 젊은이들의 머릿속에 아무리 날뛰어도 안 될 놈은 안 된다는 메시지를 주입한 탓인지, 자꾸만 시간을 돌리고 환생하는 작품이 유행하는 것 같단 말입니다. '이번 생은 망했다'는 정서가 워낙 팽배해 있어서 그런 거겠죠. 1권밖에 안 읽은 사람의 억측일지 모르겠습니다만, 아무튼 저에게는 의외로 슬픈 만화였습니다. 앞으로 어떻게 전개될지 궁금해요.

『심야식당』 29권

자영업자 친구들과 이야기를 나눠보면, 비가 오나 눈이 오나 동일한 품질의 제품을 꾸준히 안정적으로 공급하는 게 정말 어렵다고 하거든요. 그 어려운 걸 해낸 『심야식당』 작가님께 경의를 표합니다. 펼쳐보니 여전하더군요. 몇십 년째 변함없는 맛으로 동네에서 꾸준히 사랑받는 24시간 국밥집 같은 만화예요. 창작자로서 부러울 따름입니다. 늘 주인공 한 명이 운영하는 작은 식당이라는 한정된 공간에서 비슷한 플롯이 반복되는데, 그것이 식상하지 않고 회차가 거듭될수록 오히려 정이 드는 고효율의 시스템을 구축한 거잖아요. 코난과는 달리 앞으로 몇십 년을 더 연재해도 설정 오류 같은 건 크게 걱정하지 않아도 되고 말이죠.

물론 절대 쉬운 일은 아닐 겁니다. 남들 보기에 단순하고 쉬워 보이는 콘텐츠도 그토록 쉬워 보이기 위해서는 어마어마한 고민을 해야 한다는 걸 잘 알고 있지만, 흥! 같은 음식만화를 그린 입장에서 정말 질투가 나는군요! 인기 맛집에 밥 먹으러 와서는 "이 집 사장 아주 돈을 갈퀴로 긁어모으는구만! 대체 하루에 얼마나 버는 거야?" 구시렁대면서 손님들의 머릿수를 손가락으로 세어보고 하루 매출을 추정하며 입맛 쩝쩝 다시는 속물 아저씨처럼, 혀를 쯧쯧 차며 책을 훌렁훌렁 넘겨봤습니다.

『여학교의 별』 4권

사람이 너무 웃기면 웃는 건지 통곡하는 건지 모르겠는 표정이 되잖아요. 『여학교의 별』 4권이 저를 그렇게 만들었습니다. 너무 웃겨서 엉엉 울면서 읽었어요. 제가 도달하고 싶은 개그의 이데아를 본 느낌이었습니다. 아, 진짜 재밌고 열받아요. 항상 남을 웃기지 못해 안달 난 광대 본능을 지닌 인간으로서 도저히 질투를 참을 수가 없었습니다. 이렇게 완벽한 개그 연출은 어떻게 하는 걸까요? 책을 씹어 먹으면 조금이라도 이 개그감이 몸에 스며들까요? 흠. 진짜로 책을 씹어 먹으면 웃기겠군…… 어떻게 먹어야 더 웃기다고 소문이 날까? 따위의 생각을 하며 한 장 한 장 눈빛으로 종이를 구워 먹듯 읽었습니다.

여기까지 읽고 나자 약속 시간이 다 되어 후다닥 일어났습니다. 행복했어요. 만화를 읽는 게 이렇게 행복한 일이었던가 새삼스레 깨달은 동시에 명색이 만화가인데 만화를 너무 읽지 않았다는 반성도 했고요. 역시 송충이는 솔잎을 먹어야 합니다. 앞으로 만화카페에 자주 와야겠다는 다짐을 마지막으로 카페를 나서다가 출입구 쪽 책장에 제 만화가 꽂혀 있는 걸 발견했습니다. 우와. 정말 기쁘고, 쑥스럽고, 사람들이 내 책을 많이 선택할까 궁금한데, 만약 재미없으면 어떡하지 걱정되고…… 으악. 역시 간판에 '만화'가 들어간 건물은 마음이 편치가 않네요. 그래도 조만간 또 볼 수 있기를.

관계의 한계

안녕하세요, 편집자님. 간만에 편지를 드립니다. 그동안 마음이 많이 힘들었어요. 제 정신 건강이 나빠질 때 제일 먼저 나타나는 증상이 누구와도 대화하지 않는 겁니다. 이것도 만화가 고유의 특성일까요. 음. 생각해보니 그렇다기보다는 창작하는 인간 특유의 폐쇄성 아닐까 싶습니다. 특히 저 같은 회피형 창작자요. 매사에 불만은 많은데 스스로를 세상에 맞추기보다 100퍼센트 내 입맛대로 뜯어고칠 수 있는 세계관을 만들어 그 속에 숨는 쪽을 택하는 그런 인간 말입니다.

예. 사실 제 꿈은 골치 아픈 인간관계 다 차단하고 자기만의 완전무결한 가상의 성채에서 쾌적하게 살다 때가 되면 물거품처럼 사라지는 천재 만화가였습니다. 예. 물거품이 되어 사라지긴 했네요. 제 꿈이요. 나름 열심히 저만의 왕국을 만들어 숨는다고 숨어봤지만 세계관의 완성도가 너무 허술해 밖에서 몸뚱이가 다 보였거든요. 뭘 어떻게 그려도 현실의 저와 연결되어 있는 티가 노골적으로 드러나는, "이거 네 얘기지?" 하는 추궁이 반드시 따라붙는 만화만 나오더라고요. 하긴 사람도 안 만나고 주야장천 나 자신과의 대화만 하고 있으니 그런 만화가 나올 수밖에요.

정말이지 삶은 골치 아픈 아이러니로 가득합니다. 사람이 싫어서 혼자 일하는 만화가가 되었는데 혼자서는 좋은 만화를 그릴 수 없습니다. 진공상태에서 설정 오류 하나 없는 완벽한 세계관을 창조할 능력이 있는 천재가 아니라면 가능한 한 다양한 사람과 어울리고, 그들을 섬세하게 관찰할 줄 아는 게 좋죠. 사실 앞서 말씀드린 '천재'라는 것도 제가 막연히 품고 있는 천재에 대한 환상을 아무렇게나 써본 것뿐이고요. 그런 사람을 실제로 본 적은 한 번도 없습니다. 천재적으로 재밌는 작품들의 탄생 비화를 찾아봤다가 작가의 실제 경험이 어떤 형태로든 작품 곳곳에 녹아들어 있다는 걸 발견하고 놀란 적은 많지만요. 진공상태의 머릿속에서 갑자기 뿅 튀어나온 완전무결한 허구의 세계관은 오히려 드문 편이었어요. 동시대 사람들의 취향을 만족시켜야 하는 대중예술 분야에서는 특히나 더 그렇죠.

직업뿐만 아니라 건강을 위해서라도 사람을 부지런히 만나고 다녀야겠더라고요. 어떤 연구 결과를 봤는데, 사람 뇌의 가장 다양하고 광범위한 부위가 활성화될 때가 약간의 긴장감이 느껴지는 타인과 대화할 때라고 합니다. 자꾸 혼자서만 놀아버릇하면 뇌가 쪼그라든대요. 무섭더라고요. 지금처럼 살다가는 금방 치매에 걸린다는 얘기잖아요? 그래서 다급히 연락처를 훑어봤습니다. 난감했습니다. 선뜻 만나자고 할 사람이 없더군요.

부모님? 운 좋게도 부모님과의 관계는 비교적 원만한 편입니다. 비교적 솔직하고 즐거운 대화도 가능해요. 그러나 이건 서로 멀리 떨어져 살기 때문에 유지되는 평화고, 그나마도 '비교적'이죠. '절대적'으로 원만

하고 솔직하고 즐거운 관계는 아닙니다. 부모는 어디까지나 부모일 뿐 친구가 아니니까요. 연재 계약을 하거나 상을 타거나 괜찮은 직책을 맡는 등 희소식이 있다면야 득달같이 달려가서 나발을 불겠지만, 부모님을 걱정시킬 심각한 고민이나 명예를 실추시킬 한심하고 쓸데없고 수치스러운 이야기는 영원히 꺼내지 못할 겁니다. 까놓고 말해 자식 입장에서도 그렇죠. 부모가 부모로서 무던히 잘 기능하는 게 좋지, 삶의 피곤한 문제들을 떠넘기길 바라진 않잖아요. 가족이란 어쩔 수 없는 것 같아요. 서로가 서로의 인생에 너무 깊게 얽혀 있어서 결코 편할 수 없는, 문제를 일으키지 않고 무난히 사는 게 최고의 덕목인 관계. 별일 없고 밥 잘 먹고 지낸다는 안부 인사만 간단히 건네고 끊었습니다.

그럼, 친구? 예나 지금이나 친구가 적은 편입니다. 그래도 다행히 얘랑은 무슨 일이 있어도 인생 끝까지 가겠다 싶은 절친들이 아예 없지는 않아요. 잊을 만하면 그 친구들과 만나 하루 종일 목이 붓도록 웃고 떠듭니다. 언제 어디서 만나도 고맙고 기쁘고 재밌고 행복한 시간을 선사하는 친구들이에요. 문제는 학교를 벗어나고 일터와 주거지를 벗어나서 가족을 만들고, 해외로 취업하는 등 삶의 방향과 속도가 서로 크게 달라지면서 각자의 인간관계 우선순위에서 점점 하위권으로 밀려나는 서글픔이 있다는 거죠.

이제는 서로 시간도 없어서 아예 약속 잡는 것 자체가 어려워요. 제 나이대가 생애주기에서 제일 바쁠 시기라서요. 특히 결혼한 친구들은 자식 걱정과 식구들 뒤치다꺼리에 기력이 쭉 빨리고 울분이 꽉 들어찬 상태라, 어쩌다 기적적으로 만남이 성사돼도 무시무시한 분노 에너지에 할 말을 잃을 때가 많습니다. 본인의 의지로 택한 배우자와 본인의 의지와 무관하게 발생된 부모 자식 친인척 관계로 인한 고통이란 어찌나 뜨겁고 무겁고 날카로운지. 친구들의 구구절절한 충격 실화에 담긴 숨 막히는 실체감, 누구든 금방 공감시키는 막강한 보편성, 어처구니없는 막장성 앞에선 제가 꾸며낸 어떤 만화 스토리도 하찮아지고 창작의 고뇌 따위도 신선놀음하는 한량 만화가의 배부른 소리로 치부되기 십상입니다. 솔직히 약간은 그렇게 치부될 만해요. 어쨌든 현

시점에서 비혼인 저와 기혼 유자녀 친구들의 삶을 비교하면 제 쪽이 좀 더 편한 게 맞긴 해서요.

이 시점에서 친구 관계가 태생적으로 가지는 긴장의 게임이 시작되죠. 너무 편한 티를 내서는 안 됩니다. 내가 가진 좋은 것을 눈치 없이 과시하는 순간, 관계에 바로 균열이 생기는 게임입니다. 가족을 대할 때와는 반대의 규칙이 적용되죠. 행복은 가급적 숨기고 적절히 재밌게 각색한 불행 서사를 부담스럽지 않도록 딱 1절만 들려줘야 합니다. 특히나 저는 유부녀 유자식 조직 생활 친구들 사이에 외딴섬처럼 둥둥 떠다니는 비혼 만화가이니 서사 각색에 더 심혈을 기울여야 하죠. 그리하여 친구 모임에서 본의 아니게 '부럽고 팔자 좋고 신기하고 재밌게 사는데 돈 없는 애' 역할을 맡아 실컷 웃고 떠들다 돌아와서 완전히 진이 빠져 쓰러지는 엔딩을 맞이합니다. 즐겁고 행복하고 공허하고 외롭습니다.

동료 작가님들? 작가들이란 대체로 내성적, 이기적, 자기중심적이지만 이타심과 사교성을 고르게 갖춘 분들이 간혹 계십니다. 앞장서서 모임을 주도하고 조직 운영에 적극적으로 참여하는, 저로서는 상상 못 할 초능력을 지닌 멋쟁이 작가단. 그들의 활약 덕에 극도로 내성적이고 관계를 버거워하는 저에게도 무려 '모임'이라는 게 생겼습니다. 정말 즐거워요. 모임에 나가면 진짜 내가 전생에 무슨 덕을 쌓았기에 이런 호강을 누리나 싶을 정도로 반짝반짝한 재미와 감동이 가득한 시간을 보내게 됩니다.

일단 대화가 재밌습니다. 국민 MC처럼 능란하게 좌중을 휘어잡는 분부터 과묵하지만 가끔씩 툭툭 던지는 한마디가 너무너무 재밌는 분까지, 누가 만화가 아니랄까 봐 예능감이 아주 비범들 합니다. 만화가의 그림체와 실제 생김새를 슬쩍 비교해보는 재미도 꽤 짭짤하죠. 자전적 에세이를 그리는 분들은 대체로 본인의 그림체와 외모가 닮았습니다. 당연히 그렇겠죠? 본인이 직접 겪은 이야기의 주인공은 아무래도 자기랑 닮을 수밖에 없겠죠. 설령 픽션을 작업한다 해도 주인공의 표정을 묘사할 때는 자기 얼굴을 참고하는 경우가 많거든요. 많은 작가가 작업 모니터 옆쪽에 거울을

갖다 놓고 필요한 표정을 열심히 지어가며 그림을 그립니다. 그러다 보면 자연스럽게 캐릭터에 자기 얼굴이 스며드는 거죠.

심지어 이런 일도 있었습니다. 자신을 엄청나게 단순화된 그림, 흔히 '졸라맨'이라고들 하는 화풍으로 묘사하는 작가님과 우연히 스쳐 지나간 적이 있어요. 저는 그 그림체가 노동강도와 작업 시간을 줄이기 위한 작가님의 전략적 선택이라고 생각했는데요. 아니었어요. 진짜로 졸라맨과 닮으셨더라고요. 사실이야 어떻든 이 또한 일종의 외모 평가고, 그것도 '님, 졸라맨 닮으셨네요'라는 평가는 아무래도 예의가 아닌 듯해 잠자코 있었지만.

물론 작가와 작품이 완전히 딴판인 경우도 많았습니다. 작품만 봤을 때는 이건 틀림없이 잠자리 안경을 쓰고 종일 역사책만 읽는 방구석 제갈량 미친 오타쿠 스타일의 작가가 그렸을 거라고 확신했는데 만나보니 세련되고 친구 많고 근면 성실한 소위 '갓생인간'이라든가, 솜사탕처럼 몽실몽실 달콤하고 귀여운 그림체로 사랑스러운 이야기를 만들어내는 작가님이 실제로는 비정한 자객처럼 차갑고 날카로운 인상이라든가 하는 경우가 종종 있었습니다. 당연하게도요. 자신의 현실적 제약에서 벗어나고자 허구의 캐릭터를 내세워 가상의 스토리를 전개하는 건 흔한 창작 기법이니까요. 그걸 직접 확인하는 건 언제 겪어도 재밌는 일입니다.

하지만 이 모임에서 가장 행복한 건 이만큼 동병상련이 잘되는 집단이 없다는 점입니다. 가족, 친구, 애인…… 그러니까 문화계 종사자가 아닌 지인 앞에서 푸념을 안 한 지 오래됐어요. 수차례의 경험을 통해 알게 됐거든요. 제작 과정이 눈에 잘 보이지 않고 없어진다 해도 누군가가 굶주리거나 당장 목숨이 끊어지지는 않는 문화콘텐츠 생산자의 괴로움 같은 건 공감받을 가능성이 거의 없다는 사실을.

가령 정성껏 키운 옥수수를 고라니에게 죄다 뜯어먹힌 우리 동네 농부 이모들에게 제 고민을 털어놓는다 칩시다. 하이고 그까짓 게 뭐 힘들다고. 빚을 졌니, 밥을 굶었니, 악플이 배때기 뚫고 들어왔니? 당장 호미 들고 나가서 밭이나 갈아, 얘! 호통을 치실 게 뻔하단 말예요. 하지만 작가 모임에서는 마감의 고됨부터 악플 폭격의 고통까지, 그 어느 집단에서보다 낱낱이 공감받을 수 있습니다.

그러나 모든 인간관계가 그렇듯, 이 관계에도 한계가 있죠. 한참 신나게 웃고 떠들다가 문득, 내가 지금 여기서 뭐 하는 거지? 이렇게 과분한 행복을 누려도 되나? 하는 불안감이 확 덮쳐옵니다. 저는 전화는 말할 것도 없고 문자 연락도 굉장히 불편해하는 성격이라 아주아주 친해지기 전까지는 연락을 잘 못 하거든요. 게다가 15년간 주먹구구식으로 대충 일해서 남에게 알려줄 쓸 만한 노하우도 거의 없어요. 그래서 이 모임의 단톡방에 가끔 작가님들이 고민을 털어놓거나 의견을 물을 때, 혼자 말문이 막힙니다. 도움이 되고 싶은 마음은 굴뚝같지만 아는 게 없어서 도저히 뾰족한 답을 내어드릴 수가 없어요.

별로 재미도 없고 딱히 실질적인 도움이나 정신적 위안을 주지도 못하는데 여기 낄 자격이 되나 싶은 거죠. 게다가 다들 업무적으로나 인격적으로나 훌륭하신 분들이라 도대체 나 같은 게 이 자리에 낄 '급'이 되나?

그런 비굴하고 초라한 계산을 수시로 하게 돼요. 기본적으로 이분들은 동종업계 종사자. 함부로 느슨해져서는 안 되고 적당히 매력적이면서 쿨한 사회적 자아를 내세워야 한다는 긴장감을 완전히 놓을 수가 없는 관계입니다.

그러고 보니 편집자님은 누구와 함께할 때 마음이 편하신가요? 역시 출판계 종사자와 어울리실 때가 가장 편하시려나요? 아닌가요? "일이 힘든 게 아니라 사람이 힘들지"라는 말답게, 직장 동료와의 대화란 공감과 위안의 당의정이 살짝 코팅된 고통의 지뢰밭인 걸까요?

그런데요. 조심스럽게 고백하자면…… 저는 편집자님과 만나 밥 먹고 수다 떨고 편지 쓰는 게 무척 즐거워요. 제 말에 너무 잘 웃어주시고, 편하게 잘 받아주시고. 뭐랄까요, 조직 생활에 단단히 단련된 편집자님과 대화를 하다 보면 어쩐지 저와 문명사회 사이에 가늘지만 질긴 끈이 이어져 있는 기분이랄까, 아무튼 묘한 안도감이 듭니다. 편집자님은 싫으실지도 모르겠지만…… 앗. 지금 한 말은 별로네요. 자기비하하는 작가는 편집자 입장에서 짜증 날 것 같아요. 글도 빨리빨리 안 주는 주제에 잘한다 잘한다 위로까지 해줘야 되잖아요.

생각해보니까 출판사 미팅이 즐거웠던 건, 편집자님이 혼자 일방적으로 감정노동을 했기 때문이 아니었나 싶어요. 세상에. 아무래도 그런 것 같네요. 아아…… 맞죠! 그런 거죠! 편집자님한테는 저랑 만나는 게 근무의 연장일 뿐인데 그런 줄도 모르고 눈치 없이 신나가지고…… 죄송해요. 골방에서 혼자 늙어가면 이렇게 사회성이 떨어지는군요. 정말 죄송합니다. 앞으로는 자중하겠습니다.

만화가인 걸 밝히기 민망해서
했던 거짓말들.

들깨이빨 늑대치아

건강하신가요, 편집자님. 느닷없는 질문이지만 편집자님은 제 필명을 입 밖으로 소리 내어 말씀하실 때 기분이 어떠신가요? 민망하지 않으세요? 아니, 어저께 모르는 번호로 원고 청탁 전화가 왔는데 말이죠. 담당자님께서 쑥스러운 기색이 역력한 말투로, 누가 들을세라 한껏 목소리를 낮추시며 묻는 겁니다.

"혹시, 드…… 들·깨·이·빨 작가님이신가요?"

아, 예…… 맞아요, 하고 저도 쑥스럽게 웃고 말았죠. 그리고 5분 뒤, 그분이 보낸 정중한 업무 메일을 열어

보고 다시 한번 웃었습니다.

[수신인] 들깨이빨 작가님

편집자님은 무심코 저지른 일에 두고두고 발목을 잡힌 경험이 있으신가요? 저는 있습니다. 있는 정도가 아닙니다. 인생 전체가 과거의 제가 뿌린 레고 블록으로 촘촘히 뒤덮여 있어서, 툭하면 발바닥을 붙잡고 울면서 주저앉곤 합니다. 그중에서도 가장 끈질기게 발바닥에 붙어서 떨어지지 않는 일이 있는데요. 바로 필명을 들개이빨로 지은 겁니다.

시작은 시시했죠. 왜, 인터넷사이트에 회원가입을 하려면 종종 ID와 별도로 그 사이트에서 사용할 닉네임을 지어야 하잖아요. 그때마다 저는 '개'를 입력하곤 했어요. 워낙에 개를 좋아해서요. 하지만 '개', 그게 어떤 단어입니까. 사용 빈도 순위 TOP 100 안에는 너끈히 들어갈, 대한민국 어휘계의 영원한 슈퍼스타 아닙니까. 그 때문에 대부분의 사이트에서 '개'라는 한 글자는 이미 기존 회원에게 선점당한 상태였고, 그게 아니면 닉네임을 최소 두 글자부터 허용하는 내부규정 때문에 입력 자체가 아예 막혀 있는 경우가 많았어요. 그럼에도 불구하고 어떻게든 개가 들어가는 닉네임을 쓰고 싶었던 저는, 누더기를 주섬주섬 모아 꿰매 붙이듯 개의 앞뒤에 이 단어 저 단어를 붙여서 새로운 닉네임을 만들었습니다. 글자 수 넉넉하고 누군가와 중복될 확률이 지극히 낮은, 들개이빨이라는 독창적 별명을요. 그래놓고 회원가입 후 방치해버렸지만.

그로부터 몇 년 뒤 처음으로 만화 연재 제안을 받았을 때, 너무너무 기쁘고 무서웠습니다. 덜컥 수락하긴 했어도 꿈에 그리던 기회가 현실로 다가오니 도망치고만 싶더군요. 마감을 칼같이 지키며 재미있게 그릴 자신이 없었어요. 연재일이 다가오자 연재처에서 활동에 필요한 신상 정보를 달라고 하더라고요. 정신이 번쩍 들었습니다. 본명인 '유아영'을 공개해야 하나? 필명을 새로 지어야 하나?

어쩐지 본명을 걸고 활동하긴 싫었어요. '예쁠 아娥'에 '꽃부리 영英'. 예쁜 꽃 같은 딸이 되길 간절히 바라셨을 부모님께는 죄송한 말씀이지만, 이응이 잔뜩 들어가서 지나치게 귀엽고 부드럽고 뭉글뭉글 느끼한 제 본명은 저라는 인간과 그리 어울리는 것 같지 않습니다. 발음할 때마다 공주 드레스를 억지로 입은 아저씨가 된 기분이에요.

순간, 갑자기 예전에 지어두고 방치했던 네 글자 별명, 들개이빨이 떠올랐습니다. 이거다 싶었어요. 본명에 대해 제가 평생 품어왔던 어색함을 '개' '빨' 같은 과격한 음절이 장착된 '들개이빨'이 상쇄해주는 듯했습니다. 약간은 히어로 마스크 같기도 했어요. 척 쓰는 순간 나약하고 물렁물렁한 자아는 사라지고 연재를 척척 해내는 프로 만화가로 거듭나게 하는. 다짜고짜 연재처에 들개이빨로 활동하겠다는 메시지를 보냈죠. 그러자 담당자님이 의아하다는 듯 잠시 침묵하시더니, 조심스럽게 답문을 보내더군요.

"들깨이빨이요?"

삶이란 거대한 오해 대잔치라는 생각을 자주 합니

다만, 들개이빨이 이렇게나 잦은 오해를 유발하는 이름일 줄은 몰랐습니다. '들깨이빨'이라고 오타 내는 분들이 진짜 많으세요. 아니, 들깨라고 쓰는 게 들개보다 더 번거롭지 않나요? 굳이 시프트키를 눌러 기역을 쌍기역으로 전환하는 수고를 들여야 하는데요. 아무래도 읽을 때 '들깨'로 발음하게 된다는 점과, 제가 음식만화로 처음 알려졌기 때문에 동물 들개보다는 식재료 들깨가 이빨에 낀 형상이 더 쉽게 와닿는다는 점이 오타의 원인이 아닐까 추측해봅니다만.

아무튼 주변 지인부터 방송사, 출판사, 언론사, 공공기관 등 꽤나 번듯하고 이름난 단체에 이르기까지, 생각지도 못한 분들이 뜻밖의 타이밍에 훅 하고 깨를 뿌립니다. 일전에 제법 큰 상을 받게 되어서 부모님과 함께 시상식장에 갔는데요. 상장을 들춰 본 아버지가 꽥 소리를 내시더군요. 놀라서 다급히 상장을 살펴봤습니다.

수상자 들깨이빨

아뿔싸…… 궁서체로 깨가! 주최 측에 정정을 요구

할까 말까 고민하다가, 어차피 들개이빨이나 들깨이빨이나 대충 다 저라고들 생각할 것 같아서 가만히 있었습니다. 그런 저에게 아버지는 네가 필명을 바보같이 지어서 이 사달이 났다며, 강풀처럼 문자와 발음이 완벽히 같은 두 글자 이름을 지었어야 했다고 호통을 치시더군요. 납득합니다. 세상에는 남의 이름에 관심 없고 낯선 고유명사를 외우는 데 에너지를 쓰기 싫어하는 분들이 생각보다 많다는 걸 간과한 제 탓이죠.

그래도 들깨이빨 정도면 상식적인 오타에 속합니다. '늑대치아'라고 한 분도 봤어요. 굉장하지 않습니까? 모든 글자가 다 틀렸죠. 더 놀라운 사실은 그럼에도 불구하고 그 네 글자가 저를 지칭한다는 걸 어찌저찌 알아볼 수 있었다는 점입니다. 그래요. 아무려면 어떻습니까? 뜻만 통하면 되지. 이쯤 되니 어느덧 깨도 제 안의 일부가 된 것 같아요. 그래서 가끔 제 만화에 대한 감상평을 찾아보고 싶을 때면 일단 들개이빨로 쭉 찾아본 뒤 스리슬쩍 들깨이빨로도 검색해보죠. 사실상 제2의 정체성이 되었다고 할까요.

하지만 필명에 대한 고민도 다 구시대의 유물이 아

닌가 싶습니다. 요즘 젊은 작가님들이 대부분 의도적으로 흐릿한 인상의 필명을 사용한다고 느꼈습니다. 최소 세 명에서 많게는 여덟아홉 명이 팀을 짜 돌아가는 스튜디오 시스템으로 제작한 웹툰이 대세가 되고, 작가 개인의 개성이 도드라진 1인 제작 만화는 잘 팔리지 않는 현실 때문이 아닌가 싶어요. 사실 저도 언제까지 들개이빨이라는 이름을 걸고 활동하는 호사를 누릴 수 있을지, 앞날이 불투명하다고 느낄 때가 많습니다. 그래도 여건이 허락하는 한, 깨를 볶듯 즐겁게 들개와 뛰놀며 이런저런 이야기를 만들고 싶네요.

처음엔 싫었지만

지금은 동업자 정도로 생각한다.

아름다워서 슬픈 아이돌 덕질

안녕하세요, 편집자님. 예…… 이번 글은 좀 많이 늦었지요. 죄송합니다. 그게, 최근에 제가 어떤 아이돌그룹에 푹 빠져가지고 한동안 아무 일도 못 했지 뭡니까. 앗, 잠시만 변명할 시간을 주세요. 얼핏 보면 이게 시간 낭비 같아도 사실은 다 일이거든요. 모든 서사 콘텐츠가 그렇지만 만화는 특히 매력을 극대화한 캐릭터를 만들어서 독자를 유혹하는 게 핵심 업무인 관계로, 동시대 핫한 인간의 외모나 성격을 치열하게 연구해야 하거든요. 그걸 목숨 걸고 연구하는 인간들이 집약된 업계가 바로 연예계죠. 만화가에게는 그야말로 최고급 캐릭터 제작 참고서가 빽빽하게 꽂혀 있는 도서관이나 다름

없단 말입니다. 예. 그러니까 쟤가 농땡이 친 게 아니라 도서관에서 자료 조사를 좀 열심히 하다가 늦었구나, 하고 봐주시면 감사하겠습니다. 헤헤.

그런 의미에서 저의 '최애돌' 얘기를 잠시 들려드릴까 합니다. 잠깐만. 아 진짜 잠깐이면 돼요. 이게 다 일하고 밀접한 관계가 있단 말입니다! (동의 없이 대뜸 시작) 그 그룹은 ○○○ 인데요. 혹여 누를 끼칠까 봐 그룹명은 밝히지 않겠습니다만 이분들, 정말 훌륭합니다. 일단 노래가 좋아요. 발표하는 모든 곡이 명곡, 띵곡, 갓곡입니다.

상점가를 걷다 보면 온갖 K-POP을 다 듣게 되잖아요. 제 운명의 날도 그랬죠. 여느 때와 다름없이 매장에서 틀어놓은 음악들을 무심히 흘려들으며 먹자골목을 걷는데, 어디선가 들려오는 섬세하고 세련된 사운드가 귀를 잡아채는 겁니다. 뭐지, 이 천상의 선율은? 걸음을 멈추고 두리번거렸어요. 소리의 진원지는 작은 테이크아웃 커피숍. 그 앞에서 여고생 두어 명이 음악에 맞춰 춤을 추며 깔깔 웃고 있더군요. 휴대폰 음악 찾기 기능으로 곡 제목과 가수를 알아냈습니다. 이름은 몇 번 들어본 적 있는, 요즘 뜨고 있다는 아이돌그룹의 노래였어요. 굉장하더군요. 저희 때의 아이돌 음악과는 완전히 차원이 달랐어요. 유년기부터 이런 명곡 세례를 흠뻑 받고 자라난 세대가 향후 펼쳐 보일 음악 세계란 얼마나 다채롭고 풍성할지 기대될 정도였습니다. 귀가하자마자 그들의 무대 영상을 샅샅이 찾아봤지요. 그리고 또 하나의 치명적인 매력 포인트를 발견했습니다. 아주 잘생겼더라고요.

외모. 인간이 지닌 것 중 자본이 가장 좋아하는 재능. 병적인 집착과 시기 질투를 일으키는 가장 화력 좋은 땔감. 사실 좀 심란합니다. 외모 지상주의를 경멸하고 혐오하면서도 나와 남의 외모에 꾸준히 집착하며 평생을 살아왔거든요. 나이 먹고 그 지옥에서 겨우 해방된 줄 알았는데, 늘그막에 뜻밖의 수렁에 빠졌네요. 대형 기획사의 막강한 자본력과 귀신같은 심미안에 된통 당한 느낌이랄까. 치열한 경쟁을 통과한 '우월한' 육체 패키지가 춤추고 노래하는 광경의 기괴함에 몸서리를 치면서도, 너무 아름다워서 눈을 뗄 수가 없어요. 행복

합니다. 그들을 바라보고 있노라면 지구상에 근심 걱정 따윈 없는 것처럼 느껴져요. 몇천 년 전 만들어진 용어인 미인계가 왜 아직까지 통용되는지 알 만하죠.

심지어 그 잘난 몸을 가만 놔두지도 않습니다. 관중에게 격렬한 구애의 몸짓을 보내죠. 정말이지 요즘 아이돌들 춤 실력, 장난이 아니더라고요. 저게 대체 인간의 힘으로 가능한 일인가 싶은 고난도의 몸놀림을 선보

인단 말이죠. 멤버들의 손끝 발끝 각도가 복사한 것처럼 착착 맞고, 움직이는 모든 순간이 매혹적으로 보이기까지 얼마나 처절하게 연습했을까 짐작조차 가지 않는데요. 생각해보면 인생의 중요한 시기를 송두리째 갖다 바쳐 혹독하게 훈련할 가치가 있는 일이긴 합니다. 성공하면 빛나는 삶이 기다리죠. 노래 잘하고 춤 잘 추는 미인은 누구나 탐을 내는 '자원'이니까요. 인류 멸망의 그날까지, 아니 그 이후에도 영원히 인기를 누릴 존재일 겁니다.

그러니까 썩어빠진 폭군들이 권력을 잡고 나서 가장 먼저 하는 짓이 가무에 능한 미인을 궁궐에 잔뜩 불러들여 풍악을 울리는 거 아니겠습니까. 음. 그렇게 따지면 K-POP의 전 세계적 인기는 극소수의 권력자만 누릴 쾌락을 IT 기술을 통해 지구촌 식구들과 고르게 나눠 듣고 즐기는, 민주적인 권력 재분배의 증거라고 봐도 되려나요.

아무튼 요는 아이돌 무대 영상을 보는 게 요즘 저의 낙이라는 겁니다. 하루에 대여섯 시간을 봐도 또 보고 싶어요. 이쯤 되면 중독이죠. 하지만 이것만큼 황홀하고 감동적인 오락이 없습니다. 심지어 그냥 오락도 아니에요. 자기 계발서 역할도 해준다고요. 보다 보면 젊은이들이 저렇게 열심히 사는데 나도 노력해야지! 하는 생각에 절로 주먹에 힘이 불끈 들어갑니다.

그러나 중독물질이 으레 그렇듯 이 취미에도 부작용이 있더라고요. 아이돌 탐닉의 끝에 남는 건 결국 진한 씁쓸함과 서글픔. 이 감정에 대해 친구에게 길게 푸념을 하니 그가 웃으며 저에게 '기우대마왕'이라고 하더군요. 과연 진짜 기우인지, 한번 봐주시겠어요?

젊음이란 무엇인가

아름다운 걸 보면 묘하게 슬프잖아요. 그들의 젊음이 너무 아름다워 눈물이 납니다. 저만 유난인가 싶었는데 아니더라고요. 뮤직비디오 영상 밑에 "뭐죠…… 너무 아름다워서 슬픈 이 느낌……" 같은, 제 또래로 추정되는 사람들의 댓글이 두어 개씩은 꼭 달리는 걸 보면요. 이 슬픔의 정체는 뭘까요. 다른 분들은 어떤지 모르겠지만 저는 그래요. 한 번도 내 것이었던 적이 없는 완벽한 젊음에 대한 기묘한 향수와 상실감이랄까요. 한때는 나도 젊었지만 내 젊음은 초라하고 구질구질하고 망신스러운 일투성인데.

어리석은 비교죠. 매체 속의 빛나는 젊음이란 막대한 자본과 고급 인력들이 만들어낸 신기루 같은 거잖아요. 그렇게 화려하게 사는 젊은이가 지구상에 몇이나 되겠습니까. 심지어 영상 속 아이돌 본인들조차 그 아름다운 순간의 온전한 주인이 아니죠. 새벽같이 일어나서 뼈 빠지게 춤추다가 NG 나서 재촬영하고 화장 고치고 또 촬영하느라 정신없었을 텐데. 그걸 알면서도 가상의 젊음을 탐하고 부러워합니다. 모두에게 똑같이 배정된 젊음을 저 젊은이들은 최선을 다해, 후회 없이, 아름답게 불태우고 있구나. 가장 비싼 값을 받고.

나이 먹고 깨달은 건데요. 늙은이가 늙은이를 더 싫어합니다. 늙을수록 젊은이 구경을 좋아해요. 그런 만큼 고령화 저출생이 가속화되는 한국에서는 젊음을 관음하는 수요가 폭발적으로 늘어나 인산의 유넌 시질이 더더욱 비싸게 거래되지 않을까, 그런 시커먼 예측도 해보게 되네요. 으, 징그러. 어릴 땐 이것보다는 현명하고 품위 있게 늙을 줄 알았는데.

자본과 시간의 유한함

이 아이돌그룹, 데뷔한 지 얼마 안 됐는데 좋은 곡이 어마어마하게 많습니다. 팬으로서는 기쁜 일이지만 왠지 좀 불안해요. 이들의 육체가 가장 상품성이 좋을 때 자신들의 모든 역량을 확 쏟아부어 매출을 최대한 올려야겠다는 기획사의 조급한 장삿속이 느껴진다고 할까요. 투자자 입장에선 그럴 수밖에 없겠죠. 돈이 엄청나게 들어가는데 생각지도 못한 사건 사고로 망할 위험이 큰 사업이니 잘될 때 바짝 벌어야 할 겁니다. 젊음을 놓고 벌이는 한철 장사. 그래서 슬퍼요. 피서객이 떠난 늦여름 해변의 쓸쓸한 광경이 벌써 눈앞에 그려져요. 노래들이 하나같이 제 취향이다 보니 다음 발표곡이 혹시라도 별로면 실망스러워서 어쩌나 하는 걱정이 앞서요.

기우 같죠. 그런데 저는 이미 겪어봤거든요. 예전에 좋아하던 아이돌그룹이 시간이 갈수록 노래, 안무, 심지어 얼굴까지 점점 구려지는 거예요. 멤버들은 점차 나이를 먹는데 신인 그룹들이 치고 올라오면서 경쟁력이 예전만 못해지니 슬슬 자본과 핵심 인력이 빠져나가는 게 문외한인 제 눈에도 보이더라고요. 거기다 주름과 나잇살. 아이돌 판이란 잔혹해요. 영원한 사랑을 바칠 것처럼 굴던 팬들의 마음을 확 식히는 가장 효과적인 찬물은?

못생김입니다. 제가 그 대표적인 팬이었어요. 아니 우리 오빠가…… 휴식기에 뭘 그렇게 맛있게 잡수셨는지 턱선이 없어졌더라고요. 고작 그딴 걸로 사랑이 식어버린 저 자신을 인정하고 싶지 않아 억지로 애정을 쥐어짜보았지만, 사람 맘이 어디 뜻대로 되나요. 그래요. 언젠가 현재의 제 최애돌도 그 길을 걷겠죠. 자본과 시간과 유한한 인간의 마음. 어떻게 안 슬플 수가 있나요.

업무에 참고할 점

삶에서 가장 짜릿한 순간이라 하면 미인에게 플러팅당할 때 아니겠습니까. 평범한 인간에게는 인생에 몇 안 되는 귀한 순간인데요. 지금은 기술이 좋아져서 아름답게 꾸며진 인간들의 매혹적인 행동이 몇 초 단위의 영상데이터로 세계 곳곳에서 엄청나게 반복 소비되고 있잖아요. 이 상황, 아직도 원시시대를 헤매고 있는 우리의 뇌가 당황하지 않을까요? 만화가는 어떡하죠? 이차원 평면상에 납작하게 정지된 만화는 극도로 자극적인 영상·음성 콘텐츠에 익숙해진 뇌를 어떻게 뒤흔들 수 있을까요?

예…… 뭐 이런 생각들을 하면서 뒹굴다가 슬퍼져서 아무것도 하지 못했네요. 죄송합니다. 얼른 글 쓸게요. 뮤직비디오 한 번만 더 보고요!

사인의 쓸모에 대하여

안녕하세요, 편집자님. 얼마 전에 갑자기 남동생에게서 전화가 왔어요. 놀랐습니다. 저희 남매는 서로 살갑게 연락을 주고받는 스타일이 아니거든요. 1년에 한두 번 생사 확인이나 하면 다행인 관곕니다. 가슴이 덜컥 내려앉았죠. 웬일이지? 얘가 미쳤나? 부모님한테 변고가 생겼나? 급전이 필요한가? 불안에 떨며 동생의 목소리를 유심히 들어봤는데요. 짓궂은 웃음기가 은은하게 밴 것으로 보아 큰일이 난 건 아닌 듯했어요. 안노심이 들면서 기분이 확 나빠지더라고요. 아니, 급한 일도 아닌데 이 새끼가 왜 전화를 한 거지? 아무래도 나를 조롱하려고 그러는 것 같은데……?

"내가 어제 중고 서점에서 『먹는 존재』 1권을 들춰봤는데,"

다행히 동생은 거두절미하고 용건부터 말했습니다.

"누나 친필 사인본이던데?ㅋㅋㅋㅋㅋㅋㅋㅋㅋㅋㅋㅋ 다른 사람이 사면 쪽팔릴까 봐 내가 얼른 사 왔어!"

그러면서 책 사진을 찍어 보냈습니다. 아래와 같은 손 글씨가 속지에 또렷이 적혀 있었어요.

> ○○타코 맛있어요!
> 감사합니다! 번창하세요!
>
> 들개이빨 201×. ××. ××.

웬 타코집? 제 글씨임에는 틀림이 없는데 언제 어디서 누구에게 한 사인인지 전혀 기억나지 않았습니다.

지도 앱에서 상호명을 검색해보니 오래전에 폐업한 멕시칸 음식점이더군요. 아……! 그러고 보니 어렴풋하게 기억이 나는 것도 같았어요. 10년 전쯤 홍대 모처에서 친구들과 타코에 데킬라를 잔뜩 먹고 취했는데, 공교롭게도 그 가게에 『먹는 존재』 단행본이 비치되어 있었던 겁니다. 그걸 알아챈 친구가 제 등을 떠밀며 얘가 이거 그린 작가라고 주접을 떨어서 울며 겨자 먹기로 사인을 했던 것 같아요. 그 타코집이 망한 거죠. 제 사인이 적힌 만화책은 중고 서점에 팔렸고요. 그걸 동생이 우연히 발견하고는 낄낄대며 전화를 한 거예요. 친히 인증 샷까지 보내준 놈의 정성에 감동해서 욕을 한 바가지 퍼주려다 말았습니다. 어쩐지 들개이빨의 저주 때문에 가게가 망한 것 같아서 한동안 마음이 좋지 않았어요.

이 일을 계기로 사인이라는 것의 쓸모에 대해 생각을 해봤습니다. 꽤 유용한 사회적 관행이긴 합니다. 유명인을 만나 너무 신기하고 흥분되고 좋은데 딱히 할 말은 없을 때 "사인해주세요!" 한마디로 그 순간을 기념하는 징표를 얻으면서 화기애애하게 돌아설 수 있잖아요. 유명인의 사인을 음식점 벽에 붙여놓는 것도 진부하다 싶지만 여전히 강력한 홍보 수단이고요. 네, 유명인의 경우는요. 저 말고요. 제 사인에 어떤 가치가 있는지 모르겠습니다. 대문호 스타 작가가 아닌 이상 작가의 사인이란 오히려 책의 가치를 떨어뜨리는 낙서에 불과하지 않은가 싶어요.

하필 엊그저께 제 신작 만화가 나와서 증정용 도서에 사인을 하고 오는 길이라 회의감이 한층 더 짙게 느껴집니다. 요즘에는 책이 나오면 저자가 적게는 100권에서 많게는 500권가량의 초판본에 사인을 하는 게 필수 이벤트로 자리 잡은 듯한데요. 500권이면 사인 1회당 10초씩만 잡아도 거의 한 시간 반. 그 시간 동안 손가락이 삐끗 미끄러져서 빳빳한 새 책을 망쳐버리면 어떡하나 잔뜩 긴장한 채 임해야 하는 은근히 고난도의 작업이지만, 저는 꽤 좋아합니다. 영광이죠. 제 명의의 책에 사인을 남긴다는 건 인생에 다시없을 호사라고 생각합니다. 게다가 한창 집중해서 사인을 하다 보면 러너스하이처럼 무아지경 타임이 오는데, 이게 또 느낌이 썩 괜찮거든요. 인형 눈알 붙이기적 단순 반복 노동이 주는 선물 같은 쾌감이랄까, 아주 즐거워요.

단 하나, 이 책을 받는 사람이 제 사인을 좋아할지 몰라서 걱정된다는 점만 빼고요. 사실 저부터가 '합의되지 않은' 사인본을 별로 안 좋아하거든요. 출판사 이곳저곳과 연이 닿아 있다 보니 낯선 작가님의 사인이 적힌 증정 도서를 자주 받게 되는데요. 그냥 놔두면 감당이 안 될 정도로 쌓여서 어쩔 수 없이 분기에 한 번꼴로 중고 서점에 처분을 해야 합니다. 그런데 책에 사인이 있으면 '훼손 도서'로 분류돼서 값이 뚝 떨어지더라고요. 그냥 사인은 그나마 괜찮은데 책 받는 사람의 이름을 특정해서 적으면 값이 더 떨어진대요. 머리로는 이해하였으나 서글펐습니다. 한 사람을 위한 마음을 정성껏 표시하면 상품 가치가 더 낮아지는 냉혹한 경제 원리가요.

돈만 손해 보는 게 아니라 감정도 상해요. 두 사람의 감정이요. 독자는 내 이름을 손수 적어준 사람의 성의를 헐값에 팔아치우는 느낌이라 죄책감이 들고요. 그 사실을 알게 된 작가의 마음은 말할 것도 없죠. 제가 타코집 사장님께 드린 사인본을 중고 서점에서 발견했을 때의 그 스산한 충격을 다른 작가님이 고스란히 느끼게 된다고 생각하면, 으. 목덜미의 털이 쭈뼛 섭니다.

하지만 사인본의 괴로움은 사인회의 괴로움에 비하면 귀여운 수준입니다. 방문객들에게 작품 외적인 작가의 매력, 다시 말해 외모, 음성, 표정, 몸짓 등을 가까운 거리에서 실시간 서비스하는 것이 사인회의 본질이라고 보는데, 과연 저란 존재가 누군가에게 좋은 서비스가 될 수 있을까요? 그럴 리가요. '들개이빨 사인회' 현수막 아래 홀로 앉아 두 손을 만지작거리며 애써 태연한 척하는 제 모습이 눈앞에 어른거려 식은땀이 나고 토할 것 같네요.

제 속내가 어떻든 이따금 열리는 독자와의 만남 행사가 있을 때면 열에 아홉은 사인회로 마무리를 하게 됩니다. 당연히 가장 먼저 느끼는 감정은 귀한 걸음을 해주신 독자님들에 대한 압도적 감사와 기쁨입니다만, 이내 불안과 죄송함이 곰팡이처럼 온 마음에 퍼집니다. 최상의 서비스로 모시고 싶어도 저는 그냥 저일 뿐이라 어떻게 더 잘해드릴 방법이 없어요. 잘 쓰지 않아 뻣뻣하게 굳은 얼굴근육을 풀가동해서 영업용 미소를 짓고, 성함이나 날짜를 잘못 쓰지 않도록 집중해서 사인을 해드리는 수밖에요. 그걸로 충분할까요? 아, 모르겠습니다. 정말이지 작가 개인의 흥행력에 존망이 걸려 있는 행사란 저에게는 공포 그 자체입니다. 새삼 가수들이 굉장하다는 생각이 드네요. 자신의 매력에 빠진 사람들을 드넓은 공연장에 잔뜩 불러 모으는 그 기개! 자신감! 부럽습니다.

책 팔기가 워낙 힘들어진 시대이다 보니 지푸라기라도 잡는 심정으로 온갖 이벤트를 필사적으로 해야 하는 거 다 아는 처지에 별소릴 다 했습니다. 저에게 사인을 받은 독자들께도 예의가 아니고요. 산문집이 웬수네요. 아니, 진짜 웬수는 늘 그렇듯 상황과 감정을 무한히 곱씹으며 부풀리는 제 성격이죠. 부끄러운 고백을 하나 하자면, 예전에 제 산문집 북 토크 자리에서 독자님들한테 징징댄 적이 있어요. 솔직히 나는 대체 왜 나를 보러 오는지 모르겠다, 책이나 만화를 보고 좋은 이미지가 생겼다 하더라도 실제 저를 보면 와장창 깨질 텐데…… 너무 죄송하고 면목이 없다…… 뭐 이런 식으로요. 그러자 독자님 한 분이 단호한 목소리로 그러시더라고요.

"그런 건 작가님이 신경 쓰지 마세요. 저희가 알아서 할 테니까."

한 대 얻어맞은 느낌이었습니다. 그렇죠. 맞는 말씀입니다. 독자님, 잘 지내고 계신가요. 그때 추상 같은 일갈, 정말 감사했습니다.

말처럼 쉽지는 않겠지만, 제 언행이 통제 불가능한 영역으로 흘러들어 간다는 건 역시 두려운 일이지만, 신경 끄는 연습을 좀 해보려고요. 사인이 뭐라고. 버려지면 좀 어떻다고. 한순간이라도 오, 친필 사인이네? 하고 주의를 끌었다면 그걸로 임무를 다한 거 아닌가, 그냥 그렇게, 조금은 가볍게 생각하려고 합니다(물론 다른 작가님이 정성스럽게 제 이름을 써주신 사인본을 파는 문제는 조금 신중해야겠지만요). 그러니 편집자님,

혹시라도 제 사인이 필요한 행사가 있다면 언제든 편히 불러주세요!

살아남기

만화가의 작업 일기

안녕하세요, 편집자님. 죄송하지만 몸에 힘이 안 들어가서 책상에 앉아 있기도 힘드네요. 방금 막 웹툰 마감을 끝냈거든요. 대자로 뻗어서 아이고 이 일을 어쩌나…… 고민하는데, 마침 전에 작업 일기를 써두었던 게 퍼뜩 떠오르더군요. 부끄럽지만 공유해봅니다. 주간 연재를 하는 만화가들의 생활을 파악하는 데 조금이나마 도움이 되지 않을까 합니다.

월요일

새벽같이 일어난다. 피곤하다. 이번 회차에 그릴 내용을 구상한다. 구상하려고 애를 쓴다. 아무것도 보이지 않는다. 머리에 안개가 뿌옇게 낀 것 같다. 안개를 조금이라도 흩뜨려보고자 누워서 허공에 팔다리를 마구 허우적댄다. 모르는 사람 눈에는 팔자 좋은 한량 백수 같아 보이겠지만(그리 틀린 말은 아니지만) 마음은 들쑤셔진 개미집 같다. 속이 좋지 않다. 불안하고 울적하다. 역시 나는 게으르고 무능력한 한량 백수다.

화요일

새벽같이 일어난다. 컨디션이 좋지 않다. 이번 회차를 구상하고 콘티 작업에 들어가려고 했으나 집중이 되지 않는다. 밥을 먹었다. 너무 먹었다. 배불러서 집중이 더 안 된다. SNS, 유튜브, 커뮤니티 사이트를 들락거리며 연예인 가십, 시시껄렁한 농담, 저질스러운 폭로글 따위를 뇌가 쓰레기통으로 느껴질 때까지 주워 먹는다. 계속 집에 있다가는 폐인이 될 것 같아서 산책을 나간다. 뇌세포 활성화에 가장 좋은 활동이 걷기라던가. 명대사와 명장면이 떠오를 때까지 걷는다. 계속 걷는다. 걷고 또 걷는다. 정신을 차려보니 10킬로미터를 걸었다. 놀랍게도 쓸 만한 아이디어가 하나도 떠오르지 않았다. 걷기의 엉뚱한 효능만 알아냈을 뿐이다. 당장 쳐내야 하는 작업이 아니라 차기작으로 하고 싶은 소재와 먹고 싶은 음식 생각만 빙빙 맴돈다. 나중에 써먹을지 모르니까 일단은 다 기록해둔다. 사실상 아무 일도 하지 않았지만 최소한 걷기라도 한 것 아니냐고 자위하며 잠이 든다.

수요일

새벽같이 일어난다. 시간이 없다. 오늘은 죽어도 60컷 중 30~40컷까지는 콘티를 짜야 한다. 마감이 다가오니 집중력이 확실히 올라갔지만 그래도 여전히 산만하기 짝이 없다. 10분에 한 번꼴로 휴대폰을 보고 있다. 이러면 망하겠다 싶어 억지로 콘티를 짜내어보았으나 열다섯 컷 만에 완전히 지쳐버렸다. 집중력 장애가 있는 건가? 체력이 떨어졌나? 늙었나? 이 직업을 계속해도 되나? 만화라는 게 신이 나서 그려도 재밌을까 말까 한데 이렇게 억지로 쥐어짜야 한다는 건 당장 때려치우라는 '만화신'의 계시가 아닐까? 마트에 들어가서 과자와 라면 코너를 하염없이 배회하다 빈손으로 나왔다.

목요일

새벽같이 일어난다. 속이 타들어간다. 누가 내 심장 밑에서 지글지글 곱창을 볶는 것 같다. 머리를 싸매고 앉아 콘티를 짠다. 미치겠다. 갓 떠올렸을 땐 기발하고 재밌던 아이디어가 눈앞에 꺼내놓으니 영 시시하다. 이게 맞나? 이게 재밌나? 설정 오류가 난 것 같은데? 캐릭터도 붕괴된 것 같고. 전에 이 녀석이 되게 중요한 대사를 했던 것 같은데, 뭐라 그랬더라? 몇 화에서 그랬더라? 문제의 회차를 찾아보느라 두 시간쯤 허비한다. 아무래도 스토리가 제대로 꼬인 것 같다. 어떻게 수습해야 할지 모르겠다. 다른 작가들도 이렇게 개판으로 일하나? 아니겠지. 역시 나는 재능이 없다. 지독한 우울감이 뇌세포를 마비시킨 것 같다. 잠으로 도피한다.

금요일

새벽같이 일어난다. 난리 났다. 콘티만 붙잡고 세월아 네월아 앉아 있다간 마감을 못 지킬 것 같다. 콘티를 짜둔 부분만이라도 먼저 그림을 그려놔야겠다. 할 수 없이 콘티 작업과 작화 작업을 마구잡이로 뒤섞어 동시에 진행한다. 건축으로 치면 설계도를 그리다 말고 일단 벽돌부터 쌓고 보는 셈이다. 그래도 캐릭터들의 눈 코 입과 팔다리를 그리다 보면 이 녀석이 다음에 할 만한 대사와 행동이 퍗 하고 떠오를 때가 많아서 그나마 다행인데, 문제는 이렇게 우연과 즉흥성에 의존해서 일을 하면 스토리가 통제 불가능하게 날뛴다는 거다. 어제 꼬였다고 생각했던 스토리가 오늘 작업으로 인해 더 꼬여버렸다. 어쩌지? 만화를 그린 지 15년이 넘었는데 아직도 주먹구구식으로 일을 쳐내고 있다. 나만 이렇게 근본 없이 일하나? 나같이 양아치처럼 작업하는 작가가 또 있나? 이딴 질문이 다 뭔 소용이야? 그런 인간이 세상천지에 나 하나밖에 없으면 어쩔 거고 많으면 또 어쩔 건데? 게네가 나 대신 마감해 준대? 시간 없어죽겠는데 한 컷이라도 더 그려야지. 내일은 꼭 끝장을 보자.

토요일

새벽같이 일어난다. 손이 너무 느리다. 아침부터 저

녁까지 그리면 충분히 끝낼 줄 알았는데 밤을 새워야 할 것 같다. 아니다. 철야만은 피해야 한다. 밤을 새우겠다고 결심하면 뭔가 갑자기 은행에서 돈을 잔뜩 꿔온 사람처럼 마음이 든든해져서 몸이 푹 퍼지게 된다. 그럴 상황이 아닌데. 그게 다 내 돈이 아니고 이자 쳐서 갚아야 할 빚인데. 정신 차리고 집중하지 않으면 작업 효율이 떨어져서 밤을 지새우고도 할 일을 다 못 끝내게 된다. 그나저나 나 진짜 그림 너무 못 그린다. 어쩌면 좋단 말인가. 스토리도 못 써, 그림도 못 그려. 도대체 만화가로서 내 장점은 뭘까? 역시 재능이 없는 것 같다. 정신 차리자. 이딴 자학은 집어치우고 얼른 일하자. 재능이 없으면 마감이라도 잘 지키자. 미친 듯이 일하다가 푹 고꾸라져 잠이 든다.

일요일(마감일)

새벽같이 일어난다. 마감했다. 행복하다. 날아갈 것 같다. 온 세상이 장밋빛이다. 씻고 방 청소하고 맥주 한 캔만 마시고 낮잠 좀 자고 일어나서 빨리 다음 화 구상하자. 이번 주는 제발 좀 미리미리 작업하자.

이번 주

지난주와 똑같음.

다음 주

지난주와 똑같……

다다음 주

지난주와 똑……

……

극한의 쳇바퀴는 계속된다. 연재가 끝날 때까지.

연재가 끝난 뒤의 일상

새벽같이 일어난다. 별로 노력하지 않았는데 언제 어디서든 어떤 상황에서든 일찍 일어나는 사람이 되어버렸다. 노화의 힘이 무섭긴 무섭다. 뒷짐 지고 동네를 어슬렁거린다. 뭐 재밌는 거 없나, 어디 좋은 소재 없나, 만화 일을 언제까지 계속할 수 있으려나, 건강해야 할 텐데, 뭐 맛있는 거 없나, 집 근처 새로 생긴 식당에나 한번 가볼까, 밥값도 비싼데 그냥 집에서 때울까 따위를 생각하며 하염없이 걷는다. 걷다 보면 서울의 구區 두세 개 정도는 우습게 가로지른다. 낯선 동네에서 가정식 백반을 사 먹고 터덜터덜 돌아온다.

만화가의 건강관리

안녕하세요, 편집자님. 많이 놀라셨죠. 이번 원고는 웬일로 일찍 드려서요. 하하! 그게 말이죠. 최근에 제가 주간 연재하던 만화를 끝낸 기념으로 건강검진을 받았는데요. 음…… 결과가 썩 좋지 않더군요. 멀쩡하게 일할 수 있는 시간이 예상보다 적을지도 모른다는 생각이 인생 최초로 진지하게 든 검진이었습니다. 저승사자에게 명함을 받은 기분. 소름이 끼쳤어요. 만약 제가 원고를 다 넘겨드리지 않고 죽어버리면 편집자님이 무척 곤란해지지 않겠습니까? 아, 혹시 작가 사후에 책이 나오면 유작 프리미엄이 붙어서 좀 더 잘 팔리려나요? 아니지. 제 죽음에 뭐 그 정도까지의 가치는 없으니 그냥 살아서 북 토크 같은 행사를 열심히 뛰는 편이 그나마 판매에 더 도움이 되려나요? 어찌 됐건 결론은, 죽든 안 죽든 글을 일찍 써서 나쁠 건 없다는 사실이죠. 하하!

……앗, 혹시나 걱정하실까 봐 드리는 말씀입니다만 당장 죽을병에 걸린 건 아닙니다. 사철 푸른 소나무처럼 평생 '정상'에 머물러 있을 줄 알았던 혈중 콜레스테롤이라든가 간 수치 같은 지표들이 처음으로 보낸 적신호에 놀라서 잠깐 호들갑을 떠는 것뿐이에요. 제 지병 중 하나가 또 건강염려증이라서요. 이런 제가 이상한가요? 솔직히 마냥 근거 없는 호들갑은 아니잖아요? 아니 신체 성적표 과목 절반이 낙제점을 받았는데, 이 정도 곡소리는 낼 수 있는 거 아닙니까? 아이고! 이게 다 만화 때문입니다. 살인적인 연재 스케줄의 대가란 정말 무시무시하네요. 뼛속까지 실감이 납니다. 만화가 얼마나 유해한 매체인지.

주 1회 컬러 웹툰을 연재하는 만화가는, 그야말로 옴짝달싹도 못 합니다. 새벽부터 심야까지 책상에 붙어 앉아야 겨우 마감을 맞출 수 있어요. 일상이 마비되죠.

집 밖으로 나가는 데도 큰 결심이 필요합니다. "연재 기간 중 참석할 수 있는 경조사는 딱 하나다. 내 장례식"이라는 우스갯소리가 작가들 사이에 회자될 정도이니 말 다했죠.

그렇다면 주 2회 연재하는 작가는 어떨까요? 제가 해봐서 압니다. 깨어 있는 내내 일을 하다 나중에는 책상에 앉는 시간조차 아까워서 아예 침대에 환자용 책상을 설치해, 아침에 눈을 뜨면 누운 자리에서 바로 일을 시작했습니다. 배고프면 자극적인 배달 음식으로 끼니를 때웠고요. 스트레스를 풀 방법이 먹는 것밖에 없다 보니 온 동네 맵고 짜고 기름진 음식은 죄다 입에 쓸어 넣었죠. 그러다 더는 일할 수 없을 만큼 기운이 빠지면 기절하듯 쓰러져 잤습니다. 수명이 광속으로 깎이는 강행군이었죠.

예상대로 온갖 질병이 우르르 찾아왔습니다. 연재가 결정되기 전까지는 신경성 위염과 역류성식도염에, 연재 중간에는 과로와 운동 부족으로 인한 신경과민, 폭식, 불면증에 시달렸고요. 연재 막판에는 목과 허리와 손목이 고장 나더군요. 완결 임박 무렵에는 머리부터 발끝까지 안 쑤시는 데가 없었습니다. 불판 위의 삼겹살처럼 누웠다 엎드렸다 몸을 이리저리 뒤집어가며 겨우겨우 한 컷씩 작업했죠. 지금 생각하면 어떻게 그렇게 살았나 몰라요. 뭐 몰라도 상관없죠. 과거에 어땠는지 알 게 뭡니까. 앞으로가 문제지.

답답한 마음에 친구를 붙잡고 하소연했습니다. 만화 그리다가 몸이 다 망가졌다고요. 그러자 코웃음 섞인 답변이 돌아왔습니다. "야, 나는 일 안 하고 팽팽 놀았는데도 병이 났어. 만화 때문이 아냐. 늙어서 그래." 앗. 그건 그렇죠. 만화도 만화지만, 더 근본적인 문제는 노화인지도 모르겠어요. 나 원 참, 어릴 때 나는 무작정 천년만년 건강할 것만 같고 설령 늙고 병들어도 추태를 부리지 않는 고품격 할머니가 될 거라 믿어 의심치 않았건만, 개뿔 전혀 아니네요. 불안해 미치겠고 막 동네방네 시끄럽게 조물주를 욕하면서 발버둥을 치고 싶어요. 앞으로 모든 신체 기능이 나빠지면 나빠졌지 좋아질 리는 없잖아요. 아무리 노력해도 휑하고 푸석푸석한 머리가 이십대랑 똑같이 풍성해지지는 않을 거잖아요. 더 빠지지나 않으면 다행이지. 저라는 인간의 정체성에서 큰 비중을 차지하고 있는 이 육체가 앞으로 몰락만을 앞두고 있다는 사실이 주는 절망감, 익숙해질 수 있을까요.

유통기한이 얼마 남지 않은 몸뚱이로 언제까지 만화를 그려 먹고살 수 있을지, 걱정이 이만저만이 아닙니다. 그나마 저는 그림체가 단순하고 일도 별로 많지 않아서 비교적 몸이 성한 편이었는데, 대형 플랫폼의 웹툰 스케줄에 저를 억지로 끼워 맞추니 바로 여기저기가 망가져버렸단 말이죠. 도대체 이 바닥 사람들은 어떻게 그 미친 노동량을 감당하고 사는 건지 궁금했어요. 그런데 알고 보니 별로 잘 감당하지 못하고들 계셨습니다. 활동 중인 만화가의 SNS 계정을 살피다 보면 심심찮게 비보를 접한단 말이죠. 발병 고백, 정신과 치료 일기, 장기 휴재 공지, 그리고 간혹…… 사망 소식.

모르겠습니다. 한국은 모든 분야가 다 치열하잖아요. 직업이 무엇이든 직급이 뭐가 됐든 다들 죽도록 과로하고 있잖아요. 거기다 지친 이들의 스트레스를 마비시키는 자극적 문화상품이 매일 과잉 공급되고 있잖아요. 이 판국에 어떻게 만화계만 인간적인 노동환경을 보장받을 수 있을까요. 대중의 관심이라는 지극히 한정된 자원을 조금이라도 더 차지하기 위하여 게임, 영상, SNS 같은 쟁쟁한 경쟁자들과 싸워야 하는 현실에서, 과연 주간 만화 연재 시스템을 보다 작가 친화적인 방향으로 개선할 수 있을까요.

크게 기대하지 않습니다. 그저 멍하니 앉아서 젊어지는 초능력이 있었으면 좋겠네~ 손목 무릎 허리가 강철보다 단단한 비브라늄 재질로 싹 바뀌었으면 좋겠네~ 따위의 만화적인 공상에 잠겼다가, 주사 한 방에 온갖 병이 싹 고쳐지는 기적의 명약이 개발될 때까지 우리 의료계 연구진들께서 불철주야 인생을 열심히 갈아 넣어주시기를 바랄 뿐.

그래도 아직 세상엔 희망이 있습니다. 저 같은 인간만 있는 건 아니라서요. 비인간적 노동환경에 대해 꾸준히 문제 제기를 해주시는 분들 덕분에 조금씩 조금씩, 느리게나마 개선되는 지점들이 있잖아요. 이를테면 만화 40회를 연재하면 2회 쉴 수 있는 휴재권이 생긴 거라든가, 과로했으면 쉬어야 한다는 인식이 전보다는 살짝 단단한 공감대를 형성하게 된 사회 분위기라든가(남들 노는 꼴을 못 보는 인간들도 적지 않아서 아주 단단하다고는 못 하겠습니다만). 깊이 감사할 일입니다.

게다가 이런저런 기적의 신약이 속속 개발되고 있죠. 의학 기사 헤드라인만 훑어보면 이건 뭐 조만간 불로장생도 꿈이 아니겠더라고요. 심지어 최근에는 이삼십대가 인간의 지적 능력이 절정에 오르는 시기라는 통념과 달리, 종합적 능력은 육십대가 최고라는 연구 결과도 발표됐고요. 아, 너무 좋네요. 앞으로 내리막만 남은 게 아니라 발전 가능성이 있다는 희망은 얼마나 사람을 고양시키는지요. 내가 가진 능력은 내 것이 아니고 세상에서 잠깐 빌려다 쓰는 것일 뿐이라는 내려놓음의 미학을 배우기에는 아직 철이 없고 욕심만 그득하네요. 부디 제가 육십대가 되면, 칠팔십대가 인생의 절정이라는 연구 결과가 발표되길 간절히 빕니다.

참, 그래서 요즘 말이죠. 건강검진 결과에 충격받고 부랴부랴 헬스장에 등록해서 운동 중이거든요. 와, 그런데 이게 보통 일이 아니네요. 일생을 의지박약 몸치 약골로 살아온 터라 갑작스러운 운동 라이프에 적응하기 너무너무 힘들어요. 근력운동이란 상상 이상으로 고통스러운 행위더라고요. 야외 걷기나 달리기는 휙휙 바뀌는 풍경이라든가 한 줄기 시원한 바람 같은 쾌락의 요소가 조금이라도 있는데 이놈의 무산소운동은 오로지 순수한 근육의 통증만이 있을 뿐. 이런 정신 나간 현대판 고문에 무수한 이들이 자발적으로 뛰어드는 현실이 믿기지 않습니다. 게다가 조금만 운동해도 근육이 훅훅 붙는 젊은 친구들을 옆에서 보고 있노라면 스멀스멀 올라오는 상대적 박탈감. 이제 나는 성장과 발전이 아니라 현상 유지만 해도 양반인 생애주기에 접어들었다는 사실이 실감 나서 한없이 슬퍼진단 말이죠. 하지만 울지 않으려고요. 울면 근손실이 오거든요.

헬스장 코치님이 말씀하셨어요. 저보다 상태가 더 나쁜 회원님이 계셨는데, 몇 년간 꾸준히 운동한 결과 육십대에 보디빌딩 대회에 출전할 정도로 몸이 좋아졌다고요. 귀가 번쩍 뜨였습니다. 나에게 발전 가능성이 있다는 말은 정말 언제 들어도 달콤하기 그지없어요.

이 달콤함을 연료 삼아 가급적 오래 만화를 그릴 수 있는 몸 상태를 유지하도록 노력하겠습니다. 일단 목표는 육십대까지. 혹시 모르죠. 꾸준히 운동하다 보면 환갑잔치 때 제 신작 만화 발표와 보디빌딩 쇼케이스를 동시에 할 수 있을지도요. 하하!

만화가의
제목 짓기

안녕하세요, 편집자님. 오늘은 제목 짓기에 대해 말해볼까 해요. 그런 얘기를 들은 적 있어요. 출간 당시에는 크게 주목받지 못했던 한 산문집이, 제목을 바꾸고 재출간되면서 누구나 "아, 그 책!" 하고 알 만한 베스트셀러가 됐대요. 제목을 전해 듣자마자 이 소리가 절로 나오더라고요. "아, 그 책!" 저도 샀던 책이거든요. 새 연재를 시작하고 제목을 지을 때마다 이 일화를 떠올립니다. 그리고 기합을 넣죠. 지금부터 책의 운명을 좌우하는 중차대한 작업에 돌입한다. 나와라, 좋은 제목…… 합!

별 효과는 없습니다. 작명 센스가 기합으로 나아질

리가요. 요즘 들어 자주 느끼는데, 제목 짓기는 그야말로 동물적인 순발력을 타고나야 잘하는 것 같아요. 지구력을 요하는 원고 작업과는 다른 영역의 일인 듯합니다. 그런데 센스가 그저 그런 것치고는 제가 지은 제목의 채택률이 꽤 높은 편이에요. 예. 지금까지 발표된 제 모든 만화와 산문집의 제목은 전부 제가 지은 겁니다. 신기해요. 운이 좋았던 걸까요. 글과 만화가 울퉁불퉁하니 제목도 울퉁불퉁한 게 어울린다는 편집부의 판단인 걸까요. 한번 훑어보겠습니다. 별점은 5점 만점입니다.

〈들개의 지하철방랑기〉 ★★☆ 2.5

데뷔작입니다. 본 사람은 거의 없지만요. 제목 그대로 주인공인 들개 캐릭터가 지하철 2호선에서 이 사람 저 사람 마주치고 이 생각 저 생각을 하며 정처 없이 방랑하는 내용이에요. 데뷔작이니만큼 잔뜩 힘이 들어간 멋진 제목을 붙이고 싶었지만, 만화가 워낙 힘없는 귓속말 같은 분위기라 차마 그럴 수 없었습니다. 고심 끝에 그냥 아무 맛도 안 나는 곤약 같은 제목을 붙였죠.

작품도 제목 따라 간다던가요. 이 만화는 누구의 입맛도 사로잡지 못한 채 소리 소문 없이 묻혔습니다. 그런데 실은 제 손으로 파묻어버린 것 같아요. 데이터 관리를 잘못해서 원본 파일을 다 날려먹었거든요. 덕분에 저조차 이 만화를 볼 수 없게 됐죠. 에휴. 제가 좀 이래요.

『먹는 존재』★★★★ 4.0

제목은 보통 저에게 두 가지로 나뉩니다. 작업에 착수하기도 전에 이거다 싶은 게 섬광처럼 머리를 스치거나, 아무리 생각해도 나오지 않아서 연재 직전에 억지로 짜내거나. 『먹는 존재』는 전자였죠. 이 네 글자가 그냥 딱 떠올랐어요. 방송작가 수업을 들을 때 '모호한 제목'의 유용함에 대해 배운 기억이 납니다. 〈슈퍼선데이〉 〈놀라운 토요일〉 등등…… 역대 인기 예능프로그램들 대부분이 구체적으로 뭘 어쩌겠다는 건지 알 수 없는 타이틀을 달고 있어요. 그래야 이런저런 아이템을 시도해본 뒤 안 되는 건 버리고 잘되는 걸 밀고 나가기 좋으니까요. 가령 '목요일엔 꽃꽂이를'이라는 제목의 예능프로그램은 위험하죠. 목요일에 꽃꽂이하는 거

말곤 할 수 있는 게 없는데, 꽂꽂이 아이템이 인기가 없으면 프로그램을 폐지할 수밖에 없잖아요.

그런 의미에서 '먹는 존재'는 음식만화로서 제법 쓸 만한 제목이라고 생각합니다. '먹는다'는 음식뿐 아니라 온갖 추상적인 개념까지 삼키는 서사를 만들어낼 가능성이 있는 동사고, '존재'라는 명사 또한 인간부터 벌레까지 살아 있는 모든 것을 품을 수 있는 거대한 그릇이니까요. 다만 검색이 어려워요. 검색창에 '먹는 존재'를 입력하면 '○○을 좀먹는 존재'라는 문구가 들어간 분노에 찬 정치 칼럼이 정말 많이 검색됩니다. 그것만 제외하면, 아니 그것까지도 썩 맘에 드는 제목입니다.

『족하』 ★★☆ 2.5

고모의 시점으로 조카의 탄생을 바라본 만화입니다. 자료 조사 겸 '조카'의 어원을 검색하다 족하足下라는 한자어를 발견하고 쾌재를 불렀죠. 발아래에서 꼬물대는 내 형제의 자식! 이보다 멋진 제목은 없을 것 같았어요. 슬프게도 저만의 생각이었죠. 지금 와서 보니 상품성이 상당히 의심스러운 제목이에요. 이 책이 서점에 놓였을 때 과연 선뜻 집어 들 이가 몇이나 될까요. 독자에게 매력적인 정보가 담긴 제목이 아니잖아요. 게다가 '먹는 존재' 이상으로 검색이 쉽지 않아요. '족하'를 검색하면 '나 하나면 족하다' '그 정도면 족하다' 같은 문장의 홍수 속에 겨우 한두 개 정도의 검색 결과가 드문드문 보일 뿐입니다.

〈홍녀〉 ★★ 2.0

김홍녀라는 이름의 가정주부가 수컷을 죽여 음식이나 생필품을 만드는, 나름대로 파격적이라면 파격적인 만화라 저 스스로 지레 겁먹어서 제목은 왠지 짧고 간결하게 붙이고 싶었던 것 같습니다. 불법도박장 입구를 사람들 눈에 잘 안 띄게 하는 심리 같은 거죠. 그리고 당시에는 의식하지 못했지만 제가 두 글자에서 네 글자짜리 짧은 제목을 좀 좋아하는 것 같아요. 지금은 후회합니다. 작가가 펜을 뽑았으면 죽이 되든 밥이 되든 끝까지 한 콘셉트를 밀어붙였어야죠. 이왕 파격적으로 설정한 김에 제목까지 그리 밀고 나갔어야 했어요. 하다못해 '빨간 아줌마'쯤으로 했으면 어땠을까 싶어요.

하여간 '홍녀'는 사실상 설명해주는 게 거의 없는 무색무취의 일반명사에 가깝죠. 이미 적지 않은 작품에 등장하는 이름이고요. 그래서 이 제목 또한 검색이 쉽지 않습니다. 다른 임팩트 강한 홍녀들 사이에 제가 만든 홍녀가 군색하게 끼인 검색 결과만 얻을 수 있죠.

〈불암친구〉 ★★★☆ 3.5

한 신문사에서 개그만화 연재 제안을 해왔습니다. 딱 떠오른 게 인공지능 로봇이었어요. 그때는 AI에 대중의 관심이 집중되기 전이었는데, 주변에 인공지능을 개발하는 측근이 있어서 앞선 정보들을 좀 전해 들었거든요. 그래서 주인공을 '쵀불암'이라는 이름의 여성형 단발머리 인공지능 로봇으로 설정하고, 이 친구가 인간들과 동거하며 벌어질 코믹한 상황들을 쭉 연재할 계획을 짜놓았습니다. 조금은 신이 났던 것 같습니다. 그래서인지 제목도 금방 나왔어요. 쵀불암과 불알친구를 합성한 '불암친구'라는 제목을 만들고 너무 맘에 들어 혼자 낄낄 웃었죠. 신문사 쪽에서도 좋아하셨는데요. 2년을 못 채우고 연재 중단을 통보받았습니다. 그도 그럴 게, 재미가 없었어요. 인공지능에 대해 제가 알고 있는 앞선 정보라고 해봤자 한 줌도 안 됐고, 만화 소재로 쓰기에 그리 적절한 것들도 아니었고요. 제목이 중요한 건 분명한 사실이지만, 재미없는 작품을 살려줄 정도의 힘은 없는 거죠.

〈잡종자들〉 ★☆ 1.5

〈불암친구〉 퇴출 이후, 어찌 된 일인지 신문사로부터 한 번의 기회를 더 받았습니다. 이번에도 못하면 끝장이겠다 싶어 지난번의 패인을 열심히 분석했죠. 역시 잘 알지도 못하는 인공지능 SF물에 도전한 게 문제였던 듯해 내 장기를 편히 발휘할 판을 짜기로 합니다. 그리하여 제 사진 대신 내세우곤 하는 백구 캐릭터가 주인공이고 갈색 푸들, 불도그 등의 보조 캐릭터가 등장하는 일상 개그물을 그리게 됐죠. 스누피로 유명한 『피너츠』 같은 장기 연재물이 되길 바라면서요.

제목은 좀처럼 쓸 만한 게 나오지 않아서 최후의 최후의 최후까지 고민하다 잡종 개들이 옹기종기 살아가는 이야기라는 점에 착안하여 '잡종자들'이라는 제목을 겨우 짜냅니다. '불암친구'처럼 네 글자를 맞추고 싶다는 의미 없는 욕심을 채우는 덴 성공했지만 별로 매력적인 제목은 아니었죠. 어쨌든 그럭저럭 무난하게 재밌는 원고를 매주 공급하고 있다 생각했건만, 신문사나 방송국에 주기적으로 불어닥치는 개편의 칼바람은 '그럭저럭 무난'한 놈들을 결코 봐주지 않았죠. 이번에도 2년을 못 채우고 잘렸습니다.

〈운동하지마〉 ★★☆ 2.5

한 웹툰 플랫폼에서 독립운동 특집 단편을 제안하시더군요. 생각지도 못한 제안에 고민하다가, 내가 만약 3·1절 전날 밤에 유관순 열사를 만난다면 무슨 말을 해줄지 상상해본 대체 역사물을 기획했습니다. 스토리 진행도 쉽지 않았지만 도대체 무슨 제목을 붙여야 할지 감도 안 오더라고요. 머리를 쥐어뜯다가 "야, 독립운동하지 마!" 자포자기하듯 툭 던지는 한마디가 생각났어요. 그때나 지금이나 참 어색한 느낌 가득한 제목이지만, 이것 외에 별다른 수가 또 있었나 싶네요. 처음으로 네 글자의 벽을 깨고 문장형 제목을 시도했다는 데에 의의를 둘까 합니다.

『나의 먹이』 ★★★ 3.0

인생 첫 음식산문집입니다. 저를 평생 먹여 살린 음식들 그리고 열등감에 대한 이야기인데요. 글 원고의 제목이 만화보다 더 어렵더라고요. 지금까지 했던 것과 비교도 되지 않을 만큼 묵직한 고민이 며칠간 이어졌습니다. 그리고 출판사에 제가 지은 제목들을 제시했죠. 후보는 이렇습니다.

죄송한데 맛없을 거예요

열등감! 이것만 먹으면 낫는다

열등감을 치료하는 기적의 밥상

몸에 좋은 열등감

나의 먹이

나는 먹어도 남에게는 도저히 못 먹일 요리

느껴지시나요? '너를 사랑하는 나의 두피에 새겨진

북두칠성을 봐줘' 같은, 괴상망측하게 긴 제목이 대유행했던 당시 출판 시장을 의식해 나름대로 애를 써서 긴 제목을 만들었다는 걸요. 그래서 내심 1번이나 2번이 채택될 줄 알았는데, 의외로 가장 초라하고 짧은 '나의 먹이'가 최종 선택됐더군요. 당황했지만 저보다 경험 많은 분들의 눈이니 믿고 갔죠. 실은 후보들 중 제 취향에 가장 맞는 제목이라 내심 기쁘기도 했고요. 역시 1번 같은 제목이었더라면 좀 더 팔렸을 텐데, 하는 아쉬움이 남지만 그래도 정이 많이 가는 제목입니다.

『부르다가 내가 죽을 여자뮤지션』★★★☆ 3.5

저로서는 배수진을 치고 최후의 발악을 하듯 작업한 만화라, 이번만큼은 누구든 들었을 때 "응?" 하고 되물을 만큼 괴상한 제목을 붙이고 싶었습니다. 그런데 대체 어떻게? 고민하던 중 갑자기 김소월의 시 「초혼」의 한 구절이 떠올랐어요. "부르다가 내가 죽을 이름이여!" 먼 곳으로 떠나버린 연인을 향한 처절하고 비통한 부르짖음. 이거다 싶었어요. 만화의 정서가 그야말로 완벽하게 함축된 구절이었거든요. 다만 제가 한 가지

간과한 건 생각보다 사람들이 고유명사를 아무렇게나 기억한다는 것입니다. 네 글자밖에 안 되는 제 필명도 '들깨이빨'로 알고 계시는 분들이 수두룩한데 이 제목을 한 글자도 틀림없이 기억하길 바라는 건 어리석은 기대죠. '내가 부르다가 죽을' '부르다 내가 죽을' '내가죽을 뜯어 먹을'…… 무수하게 변형된 제목들과 마주하고 아차 싶었습니다. 하지만 요즘 트렌드 중 하나가 또 뭐겠습니까. 줄임말이죠. 시간이 지날수록 이 제목을 '부내죽'으로 줄여 부르시는 분들이 점점 늘어나더라고요. 집단지성에 감사하며 냉큼 '부내죽'을 공식 약칭으로 정하게 되었습니다. 사실, 저는 '부르뮤'가 줄임말이 될 줄 알았어요. 받침 없이 후루룩 부르기 좋아서요. 알쏭달쏭한 대중의 마음, 진짜 저는 사업하면 안 되겠습니다.

지금까지 제가 만든 제목을 하나씩 가만히 살펴보니 만감이 교차하네요. 잘했다 싶으면서 후회도 되고, 이런저런 추억도 떠오르고…… 하지만 지금 무엇보다 신경 쓰이는 건, 이 산문집의 제목입니다. 이번 글들은 어떤 이름의 배를 타고 세상에 나아가게 될지 너무 궁금해요. 제가 지은 제목일까요, 아니면 처음으로 다른 이가 지은 제목일까요. 누구 머리에서 나왔든 눈에 확 띄는 매력적인 제목이었으면 좋겠습니다. (이 산문집의 제목은 『진짜진짜최종』으로 정해졌습니다. 어떠신가요?)

만화가의 밥

식사하셨나요, 편집자님. 저와 처음 업무 미팅을 하게 된 분들에게 가끔 이런 고백을 듣곤 합니다. 음식만화를 그린 사람과의 자리이니만큼 엄청난 맛집을 골라야 할 것 같아 부담스러웠다고요. 참으로 안타깝습니다. 그러실 필요 전혀 없는데. 『먹는 존재』만 꼼꼼히 읽으셨어도 제가 싸구려 음식을 막 사 먹길 좋아하는, 소위 '가성비충'이라는 걸 파악하셨을 텐데 말이죠. 물론 저도 별과 리본이 다닥다닥 붙은 고급 식당에서 식도락을 즐길 기회를 부러 마다하진 않지만, 그런 음식은 저에겐 약간 더 높아진 쾌락에 비해 지불해야 할 추가 비용이 지나치게 큰 사치품입니다. 그래서 맛있는 게 먹고 싶은 욕구가 화산처럼 폭발할 때면 동네 전통시장에서 사 온 피자, 치킨, 돈가스, 삼겹살, 족발, 곱창, 크림빵 같은 것들을 배 터지게 먹어요. 예, 한때는 그랬습니다.

원래 식사를 1인분으로 끝내는 법이 없는 인간이었습니다. 보통 3~4인분, 못해도 곱빼기에 부침개나 만두 같은 사이드 메뉴를 시켜야 겨우 직성이 풀리는 대식가였어요. 동네 식당 사장님들이 혹시 체대생이냐고 넌지시 물어볼 정도였죠. 중학생이었는데요. 그때마다 "네, 투포환 전공이에요" 농담을 건넸는데 다들 아무 저항감 없이 진짜라고 믿으셔서 당황했던 기억이 나네요.

하여간 영원한 대식가로 불꽃처럼 살다 갈 줄 알았던 저도 어느덧 소식가가 되고 말았습니다. 원인은 만화 일을 하면서 얻은 스트레스성 위장 질환 그리고 노화죠. 몇 차례 크게 아파보니 식습관이 건강에 미치는 영향을 신경 쓰지 않을 수가 없더라고요. 자연스럽게 미식의 쾌락을 극대화하는 것보다 질병의 고통을 최소

희망편 절망편

아침
삶은 달걀
브로콜리
오트밀크
두부
토마토
아침
먹다 남은 치킨
와플
꽈배기
간식
초콜릿
점심
올리브,
견과류,
신선한 채소를 곁들인
연어 샐러드
점심
불닭볶음면
간식
초콜릿,
아이스크림
저녁
삼색나물
멸치
닭가슴살
잡곡밥
아욱국
저녁
맥주
맥주
맥주
곱창볶음, 맥주

화하는 것이 훨씬 중요한 인간이 됐죠. 식습관이 엉망인 사람들이 늘 내세우는 워런 버핏이나 라면 할아버지처럼 평생 자극적인 가공식품만 먹고 장수하는 사람도 있겠지만, 적어도 저는 그런 강철 몸뚱이의 소유자가 절대 아니더라고요. 마흔을 넘어가면서부터 볶고 튀기고 온갖 소스로 범벅된 '젊은이 음식'을 세끼 이상 먹으면 몸과 마음 구석구석이 쿡쿡 쑤시고 아픕니다. 가공과 첨가물을 최소화한 적당량의 음식을 제시간에 맞춰 먹는 게 심신의 건강에 가장 좋더군요. 이제는 입맛도 변해서 심심한 자연식이 더 맛있게 느껴져요. 저도 이제 어엿한 중년이 되었구나 싶었습니다.

큰 착각이었죠. 오랜만에 주간 만화 연재를 해보니 바로 식단이 무너지더군요. 스트레스를 받은 뇌가 강렬하고 즉각적인 보상을 당장 내놓으라며 마트에 드러누워 울부짖는 아이처럼 난리를 치는 겁니다. 귀신에게 홀린 듯 절망의 식단을 먹어 치운 뒤 더부룩한 배를 안고 자학하는 악순환에 빠지고 말았죠. 한동안 고생 좀 했습니다. 정말이지, 예전에 야구 경기를 보러 갔다가 패배 팀 관중이 오만상을 찌푸리며 “에잇! 하여간 이놈의 야구는 건강에 나쁘다니까!”라고 화내던 모습이 기억나는데요. 저도 같은 말씀을 드리고 싶네요. 만화는 건강에 좋지 않아요. 아, 글도요. 이 글을 쓰는 동안 초콜릿 한 판을 먹어 치웠습니다. 히히 맛있다!

만화가의 계약

안녕하세요, 편집자님. 이번 주는 말이죠. 무려 새로운 만화 연재를 제안받는 특급 이벤트가 있었습니다! 이제 계약서에 사인만 하면 돼요. 허허. 떨립니다. 연재를 앞두면 늘 출발 직전의 롤러코스터에 탄 기분이 들어요. 원고 작업이라는 끝없는 고통의 터널로 들어가야 하는 것도 무섭지만, 아무래도 법적 구속력이 발생하는 '계약' 행위를 하는 것이기 때문에 더 떨리는 것 같아요. 까딱 잘못하면 노예처럼 고생하고도 쪽박을 찰 수 있으니까요.

에휴. 늦어도 오늘까지는 계약서 검토를 마쳐야 할 텐데, 벌써 스트레스가 올라오네요. 난해한 문장들 사이에 혹시라도 숨어 있을지 모를 독소조항을 정신 바짝 차리고 쳐내야 하는 고도의 정신노동인 동시에, 잊을 만할 때쯤 갑자기 불쑥 찾아오는 업무이다 보니 몇 번을 해도 익숙해지지 않습니다. 음. 이왕 이렇게 된 거, 계약에 임하는 제 의식의 흐름을 처음부터 끝까지 한번 쭉 기록해볼까 해요. 제 입장에선 아무래도 계약서를 더 꼼꼼히 보게 될 거고, 보시는 분께 조금이라도 도움이 되는 이야기가 나올지도 모르잖아요. 시작해보겠습니다.

발단

연재 제안이 옵니다. 잠깐의 기쁨과 감사함 뒤에 근심 걱정이 몰려옵니다. 책상 앞에서 머리를 쥐어뜯으며 밤새 몸부림치는 짓거릴 또 해야 하다니 눈앞이 깜깜합니다. 거절하기로 합니다. 그러면 이번엔 다시는 연재 제안이 오지 않을 것만 같은 두려움에 빠집니다. 크게 심호흡을 한 뒤, 작업 시간이 충분한가, 내가 잘할 수 있는 일인가, 원고료가 적당한가, 연재처 및 편집자가 믿을 만한 사람인가를 따져봅니다. 네 질문 중 셋 이상이 'YES'라면 제안을 받아들입니다. 곧 계약서가 날아옵니다. 오래된 출판사나 공공기관과의 계약이라면 간혹 종이 계약서를 주고받는 경우도 있지만, 웬만하면 요즘은 이메일을 통해 전자계약으로 진행합니다.

계약서 검토

계약서와 마주할 때면 막막하고 외롭습니다. 중차대한 법적 관계에 얽혀 들기 직전이라 무서워죽겠는데 마땅히 하소연할 데가 없어서요. 하지만 무섭다 무섭다 소리 그만 좀 하고 진정해야죠. 그냥 돈과 노동력을 서로 뒤탈 없이 주고받기 위한 약속을 각 잡고 하는 게 계약인 거잖아요. 딱딱한 법조문들을 제1조! 2항! 이렇게 무슨 준엄한 몽둥이처럼 두둥! 하고 늘어놔서 그렇지 알고 보면 다 상식적 차원의 사회적 합의 아니겠습니까. 법률이란, 인간들이 가급적 덜 싸우게 하려고 최대한 중립적·객관적으로 권리관계를 정리해주는 머슴일 뿐이라는 주인의식을 어떻게든 장착하고, 차근차근 계약서를 읽어보기로 합니다.

제1~3조 계약의 목적·정의·권리

이 계약을 누가 왜 하는지, 자주 등장하는 용어는 무슨 뜻인지, 작품의 저작권은 누구한테 있고 이 저작권을 어디에 몇 년간 쓸 수 있는지에 대한 설명이 나옵니다. 계약서 초반이라 기합이 잔뜩 들어간 상태로 꼼꼼히 읽게 됩니다만, 경험상 좋은 전략은 아니었습니다. 금방 지쳐서 중요한 부분을 대충 읽어 넘기기 십상이거든요. 수학 공부할 때 1단원 집합만 열심히 하고 나가떨어지는 꼴이랑 똑같죠. 쉬엄쉬엄 읽으면서 살펴보겠습니다.

제4~5조 연재의 시작과 완결·중단 및 휴재 관련

앗, 중요한 이야기가 바로 나오네요. 언제까지 원고를 넘겨야 하고, 완결 시기는 미리 상의해야 하고, 원고를 아무 데서나 막 연재하면 안 되고, 맘대로 쉬면 안 된다. 대단히 중요하나 실제로는 은근히 자주 어기게 되는 조항입니다. 사람 사는 세상이니만큼 부득이한 사정이 생기면 협의를 통해 날짜 조정이 가능한데, 작가들의 사정은 웬만하면 늘 부득이하거든요. 명목상은 협의지만 사실상 읍소나 다름없는 구걸 행위를 하여 작업

시간을 최대한 법니다. 왠지 말씀드릴수록 점점 작아지는 기분이네요. 죄송합니다. 빠른 시일 안에 원고를 드리겠습니다(동서남북 방향으로 큰절 올림).

제6~7조 작품의 내용에 따른 책임·저작인격권의 존중

작가는 계약기간 동안 작품으로 누굴 욕하거나 남의 작품을 베끼거나 범죄를 저질러서 연재처에 손해를 끼쳐선 안 되고, 연재처는 작가를 인간적으로 잘 대우해주라는 겁니다. 상식적인 얘길 뭐 하러 하나 싶다가도 상식과 비상식이 엎치락뒤치락 치열하게 싸우고 있는 현실을 생각하면(솔직히 비상식이 더 우세한 듯하지만…… 착각이길 바랍니다), 꼭 들어가야 할 조항인 것 같습니다. 아닌 게 아니라 요즘 고민을 자주 하게 돼요. 한 작가의 작품과 언행 가운데 못마땅한 부분을 짱돌 크기로 잘라내서 작가를 향해 마구 던지는 온라인 스포츠가 유행하는 시대가 온 듯해서요. 뭐 어쩌겠습니까. 언제 태어났든 각자의 시대적 불운을 감당하며 나아가는 수밖에요.

제8조 고료 및 수익배분

올 것이 왔네요. 돈 애기죠. 자세를 고쳐 앉고 눈을 부릅 뜹니다. 그리고 곧 의기소침해져요. 원고료는 늘 다소 아쉬운 금액이고 수익배분율도 이게 합리적인 건지 착취적인 건지, 그래서 내가 대체 몇 푼을 가져가게 되는 건지 아리송합니다. 큰맘 먹고 연재처에 제 몫을 인상해달라고 요구해봅니다만, '업계 표준' '불황' '예산 부족' 같은 마법의 방패에 가로막히고 맙니다. 협상은 언제나 어려워요. 제가 쥔 유일한 협상 카드가 작품이니, 돈을 더 받으려면 제 작품이 돈값을 하고도 남는다는 걸 상대방에게 확신시켜야 한단 말이죠. 그런데 저부터가 그걸 확신하지 못하겠어요. 그리는 족족 히트작만 내는 작가나 작품의 가치를 주저 없이 부풀릴 수 있는 대담한 협상가들을 부러워하며, 방구석에 처박아뒀던 예전 계약서들을 주섬주섬 꺼내 현 계약서와 비교해봅니다. 그전에 비해 조건이 썩 나쁘지 않다고 판단되면 안도하고 넘어갑니다.

제9~10조 번역출판권·이차적저작물

큰 게 또 왔네요. 어쩌면 고료 이상으로 중요한 조항일지도 모릅니다. 하나의 만화로 책, 드라마, 영화, 애니메이션, 장난감 등 각종 파생 상품을 만들어서 큰 수익을 거둬들이는 일이 요즘 워낙 많아져서요. 해외 진출 사례도 부쩍 늘었고요. 그런데 제 만화는 은어와 비속어가 워낙 많이 나오는 데다 현대 한국의 사회문화적 현실에 익숙해야만 이해가 되는 내수용 상품이라, 다른 언어로 번역했을 때 재미가 확 죽는 것 같아요. 그래서 외국에 안 팔려요. 영상화되기엔 드라마틱함이 부족하고, 팬시상품으로 만들기엔 예쁘거나 귀엽지 않고. 허허. 저의 쓸모는 뭘까요. 그래도 혹시 모르죠. 설마 했던 일이 심심찮게 벌어지는 세상이니까. 로또 당첨되면 해야 할 일 정리하는 기분으로 관련 조항을 훑어봅니다.

그러니까 요지는, 내 만화가 잘되면 이런저런 사업을 해보자며 달려드는 업체가 많을 텐데 그거 우리 연재처랑 우선적으로 하자. 딴 데랑 하려면 우리 허락 맡고 해라 이런 내용입니다. 아, 이거 그거네요. 내게 앞다투어 프러포즈하는 왕자들을 보며 "나 때문에 싸우지 마!"라고 외치는 공주가 된 상황이요. 흐흐. 잠깐이나마 행복한 꿈을 꾸었습니다. 흐뭇한 미소를 띠며 다음 조문을 봅니다.

제11조 계약기간

온라인 콘텐츠의 계약기간은 보통 3년입니다. 계약할 땐 제법 먼 미래처럼 느껴지는데 정신없이 살다 보면 순식간에 만료돼서 깜짝 놀라곤 해요. 시간의 속도에 놀랄 일이 점점 자주 돌아오는 것 같아 서글프네요. 그나저나 특별한 언급이 없으면 계약기간이 자동 갱신되어 곤란해지는 경우가 왕왕 있어 주의해야 하는데, 이번 계약서에는 그런 문구가 없군요. 좋습니다.

제12조 계약 해지 또는 해제

이크, 그렇죠. 둘 중 하나가 큰 잘못을 하거나 불가피한 사정으로 이별을 고할 수밖에 없는 상황도 대비해야겠죠. 그런데 실제로 계약이 해지되는 일이 그렇게 많은가, 하면 잘 모르겠어요. 지금 제가 3년째 원고를 못 드리고 있는 계약이 있거든요. 당장 계약이 파기돼도 할 말이 없는데, 이상하게 별말씀이 없으시더라고요. 계약관계란 게 의외로 질긴 건가 싶어요.

아, 그런데 또 마냥 그렇게 얘기할 일은 아닌 것이 생각해보니까 계약 해지 꽤 많이 당해봤네요. 원고가 재미없어서 두 번, 연재처가 망해서 두 번. 해지. 비장한 각오로 계약서에 사인할 땐 설마 이게 해지되겠어, 싶지만 은근히 자주 벌어지는 일인 것 같아요. 약간 사람의 목숨과 비슷하네요. 쇠심줄보다 질기기도 하지만 하루아침에 허무하게 사라질 수도 있는. 음, 해지를 통보받았을 때의 슬픔과 허망함이 떠올라서 좀 울적해졌어요.

제13~15조 계약 내용의 변경·양도 금지·비밀 유지

슬슬 집중력이 흐트러집니다. 동태눈으로 훑훑 훑어봅니다. 그래 뭐 쌍방의 합의로 계약 내용을 변경할 수 있겠지, 서로의 권리와 의무를 생뚱맞은 딴 사람에게 넘기면 안 되겠지, 서로의 비밀을 떠벌리면 안 되겠지, 지당한 말씀이지 하고 빠르게 넘어갑니다.

제16조 손해배상

잠깐 정신이 돌아옵니다. 내 잘못으로 연재처에 손해를 끼치면 그 손해를 배상해야 한다는데, 얼마나 줘야 하나? 집안 기둥뿌리 다 뽑히고 빤스 바람으로 길바닥에 나앉은 제 모습을 상상해봅니다. 출판 연재 계약 위반으로 그 지경이 된 작가 이야기는 아직까지 들어본 적 없지만.

제17조 재해, 사고

슬슬 졸리고 배가 고픕니다. 천재지변이나 기타 불가항력의 재난으로 어느 한쪽이 손해를 입거나 계약을 지킬 수 없게 되면 책임을 면제한다는 얘기네요. 출판사 건물이 통째로 하늘로 치솟거나 제 정수리에 벼락이 떨어져 온몸의 뼈가 보인 뒤 숯불구이 파마머리 상태로 쿵 쓰러지는 만화적 연출을 상상하며 마지막 조항으로 넘어갑니다.

제18조 효력 발생

본 계약은 계약 체결일로부터 효력이 발생된다는군요. 음, 그렇다네요.

이제 사인만 하면 됩니다. 어떠셨는지요. 진짜 엉망진창으로 훑어봤죠. 작가 여러분들은 저보다 좀 더 철두철미하게 검토하시기를 바랍니다. 앞서 계약서를 마주할 때면 어디다 하소연할 데가 없어 외롭다고 했지만 제가 게을러 그렇지 작가들에게 법률 자문을 해주는 곳들이 꽤 있으니까 잘 찾아보시고요. 건투를 빕니다.

아, 제12조 계약 해지 부분에서 말씀드린, 3년째 원고를 드리지 못하고 있던 계약 건이 바로 이 산문집입니다. 정말이지 무슨 말씀을 드려야 할지…… 입이 열 개라도 할 말이 없습니다. 그저 저를 내쫓고 손해배상을 청구하는 권리를 행사하지 않아주셔서 감사할 따름입니다. 빠른 시일 내에 제 의무를 성실히 이행하겠습니다!

만화가의 자신감

안녕하세요, 독자님. 이 글은 편집자님의 요청에 의해 쓴 것임을 밝힙니다. 제가 원고에서 죽겠다 한심하다 못 해먹겠다 같은 소릴 하도 많이 하니 참다 못한 편집자님께서 '자신감'에 대한 이야기를 좀 써보자고 하셨죠. 아무리 그래도 자신감이 전혀 없는 상태로 15년간 만화를 그릴 순 없지 않냐면서요. 솔깃했습니다. 이만큼 죽는소릴 했으면 슬슬 밝고 희망찬 이야기를 하나쯤 할 때도 됐죠. 글에서나 만화에서나 자신감을 정면으로 다뤄본 적이 없기도 하고요. 그래서 제법 야심 차게 글을 시작했는데, 와…… 진짜 글이 너무 안 써지는 거예요. 이 책의 거의 모든 원고를 늦어놓고 새삼 뭔 소린가 싶으시겠지만 이렇게 지독한 글 변비는 저에게도 드문 일입니다. 한 달 동안 두세 문장도 못 썼어요. 지푸라기라도 잡는 심정으로 〈표준국어대사전〉에 '자신'을 검색했죠. 기대 없이 한 짓이었지만 뜻밖에도 이 행위가 큰 깨달음을 주었습니다. 제가 이 지경이 된 이유를 사전은 정확히 알고 있었거든요.

> 어떤 일을 해낼 수 있다거나 어떤 일이 꼭 그렇게 되리라는 데 대하여 스스로 굳게 믿음. 또는 그런 믿음.

살면서 이런 믿음을 가져본 적이 없습니다. 그러니까 저는 제가 모르는 것에 대해 쓰려고 했던 거예요. 글이 안 나오는 게 당연하죠. 그런 이유로, 죄송하지만 자신감 이야기는 집어치우겠습니다. 그보다는 자신감 없는 만화가로 어떻게 15년을 살아온 것인지에 대해 이야기하는 게 생산적일 것 같아요.

하고많은 직업 중에 저는 왜 굳이 만화가가 된 걸까요. "그냥 그렇게 됐습니다"라는 무책임한 말씀밖엔 드릴 게 없네요. 특정 유전자와 사회경제적 여건, 시공간적 배경의 우연한 조합이 낳은 흔한 사건 중 하나일 뿐이라고 생각합니다. 구체적으로 살펴보죠. 20세기 대한민국, 예민하고 공부 잘하고 대중예술에 관심 많은 아버지와 고생을 너무 많이 해서 내 자식만은 죽어도 고생시키지 않겠노라 다짐한 어머니 사이에서 태어났습니다. 아버지의 기질을 그대로 물려받고 어머니의 근면함과 희생정신에, 좋게 말하면 '힘입어' 나쁘게 말하면 '기생해' 자랐습니다.

친구가 없었습니다. 펜과 노트를 끼고 책상에 오래 붙어 있는 어린이는 무조건 칭찬받던 시절이었죠. 글과 그림에 애매한 재능이 있었습니다. 덕분에 유년기의 많은 나날을 종일 혼자 보냈습니다. 하지만 그렇다고 해서 모두가 만화를 그리진 않아요. 여기에 타인의 평가에 민감하며 욕심은 많은데 게으르고 소심한 성격이 더해졌습니다. 만화가가 될 운명을 완성시키는 마지막 퍼즐이죠.

다른 조건들도 중요하지만 저는 특히 '욕심은 많은데 게으르고 소심한 성격'이 저를 만화가로 만든 결정적 요인이라고 생각합니다. 욕심이 보통 많은 게 아니라 터무니없는 수준이었거든요. 아름답고 똑똑하고 부유하고 싸움 잘하고 모두에게 사랑받는, 하여간 좋다는 건 다 가진 지상 최강의 존재가 되길 원했습니다. 당연히 현실은 그에 턱없이 못 미치니 늘 우울했고요.

이상과 현실의 간극으로 인한 고통 앞에서 인간은 두 부류로 나뉘죠. 먼저 불만족스러운 현실에 바로 칼을 겨누는 적극적 에너자이저. 학벌과 직업을 쟁취하기 위한 경쟁에 뛰어들고 성형외과의 차가운 수술대에 눕는 식으로요. 그 반대편에 체념과 냉소와 정신 승리의 신포도밭에 드러눕는 소심한 게으름뱅이가 있습니다. 생긴 대로 살지 뭐, 사회가 주입한 천박한 허상에 휘둘리는 노예가 되지 않을 거야 따위의 번지르르한 말을 하면서요. 짐작하셨겠지만 저는 후자였습니다. 이상적 자아상을 어처구니없이 높게 설정해놔서 노력할 의욕이 아예 나지 않았거든요. 방에 드러누워 아무것도 하지 않고 나는 결국 인생의 패배자가 되고 말 거라는 불안에 시달렸습니다.

그런데 글을 쓰고 그림을 그리면 곧잘 칭찬을 들었

습니다. 자기혐오의 동굴에 비친 한 줄기 빛이었죠. 너무 기뻐서 어떻게 하면 더 많은 칭찬을 들을까 하루 종일 골몰했어요. 그러나 제 글과 그림이 또래보다 조금 나을 뿐 객관적으로 빼어나지 않다는 건 금방 알 수 있었습니다. 저보다 재능 있는 사람은 어딜 가나 널렸으니까요. 타고난 천재거나 초인적인 연습 벌레가 아닌 이상 앞으로 칭찬받을 일은 없을 것 같아 보였습니다. 물론 전 둘 다 아니었고요. 뭐든 어중간한 자신을 저주하며, 홧김에 어중간한 글과 그림을 섞어 만화의 형태로 만들었습니다. 인기 없는 여자애가 인기 많은 남자애한테 사랑받는 학원 로맨스물. 제 최초의 만화였는데요. 뜻밖에도 그게, 반응이 뜨거운 거예요.

충격이었습니다. 만화의 힘을 처음 느낀 순간이었어요. 글 또는 그림 하나만으로 사람들의 관심을 끌려면 완성도가 정교하게 높아야 합니다. 저에게는 좀 버거울 정도로 집요하고 일관된 광기가 있어야 하더라고요. 그런데 만화는, 부족한 글과 부족한 그림을 합쳐도 충분히 위대한 결과물을 만들어낼 수 있어요. 뭐 위대까진 아니더라도 글과 그림이 따로 있을 때보다는 어쨌건 1초라도 더 시선을 오래 붙잡아둘 수 있죠. 텍스트의 전달력과 그래픽의 직관성이 다 담긴 이차원 평면예술, 만화라는 매체 특유의 마력입니다. 그래서인지 대중에게 가장 쉽게 스며들어요. 인터넷밈 중 상당수가 한두 컷짜리 만화의 형식을 취하고 있는 것이 그 증거죠. 이 신비롭고 위대한 매체를 이용해서 개떡 같은 현실을 내 맘대로 편집하여 새로운 세상을 만들 수 있습니다. 나를 소외시켰던 친구들이 내 세상에 모여들어 웃고 떠들고 즐거워합니다. 일부는 나를 창조주라고 떠받들기까지 합니다. 앞으로 내가 먹고살 길은 이거다 싶었어요. 상대적으로 적은 노력으로(당시엔 연습장에 연필로 휘갈긴 조악한 낙서였으니) 나를 특별하게 만들어주는 가성비 좋은 마법 기술을 그렇게 획득한 겁니다.

여기에 또 하나의 중요한 조건이 위력을 발휘합니다. 앞서 잠깐 언급했던, 건강하고 부지런하고 아들딸 구별 없이 무조건 공부만 잘하라는 교육관을 가진 부모님의 존재요. 덕분에 수도권 '국민평형' 아파트의 방 한 칸을 나만의 공간으로 배정받고 밥 굶을 걱정이나 성차별적 돌봄노동의 의무에서 벗어나 하루 종일 공부하는 척하면서 만화를 그리는 행운을 누릴 수 있었죠. 이런 천혜의 환경에도 불구하고 고작 이 정도의 성과밖에 못 냈다는 죄책감은 아직까지도 절 괴롭히는 지옥으로 작용하게 되었지만. 자식새끼란 참, 이렇게 잘해줘도 지랄이에요.

여하튼 만화를 그리면 특별한 사람이 될 줄 알았습니다. 하지만 만화 판이야말로 반짝이는 재주꾼들이 널린 곳이더군요. 그 틈바구니에서 먹고살 자신이 없었어요. 그래서 블로그에 낙서나 하며 이십대를 날려먹었죠. 어느 날 친구가 본인의 웹진에 만화를 연재하자고 하더군요. 망설이다 제안에 응하고 만화를 그리던 중 한 만화 전문 플랫폼으로부터 스카우트를 받습니다. 그렇게 얼렁뚱땅 프로 만화가가 되었습니다.

프로만 되면 만사형통일 줄 알았습니다. 하지만 재밌는 차기작을 꾸준히 뽑아내지 않으면 다시 원점으로 돌아가는 게 이 바닥이더군요. 세이브가 안 되는 고약한 게임이에요. 연재가 끝나고 다시금 기약 없는 허송세월을 합니다. 가뭄에 콩 나듯 원고 청탁이 옵니다. 준

비해둔 원고도 없고 딱히 떠오르는 얘기도 없지만 거절하면 욕먹을까 봐, 돈 떨어질까 봐, 잊힐까 봐, 다시는 일이 안 들어올까 봐 두려워 허겁지겁 계약서에 사인하고 만화를 그립니다. 고객님이 맘에 안 들어 하면 어쩌지? 재미없다며 계약을 파기하면 어쩌지? 따위의 불안감에 시달리면서요. 가까스로 일을 넘기고 한숨 쉬며 매번 똑같은 푸념을 합니다. 난 재능이 없나 봐.

15년의 만화 인생이 이렇게 정리되네요. 어느 대목에도 자신감은 없죠. 어떻게 이럴 수 있나 싶습니다. 자신감이라는 마취약 없이 불안과 자기 비하에 찌든 채 창작을 지속하는 건 생각보다 어렵거든요. 내 몸 사이즈의 관짝만 한 지옥에 갇히는 겁니다. 작품의 질도 나빠지고요. 하지만 보시다시피 저는 15년을 주눅 든 채 일했습니다. 그런데도 희한하게 꾸준히 일을 하긴 했단 말이죠. 그런 걸 보면 업계에서 평판이 아주 바닥은 아닌 모양인데…… 글쎄요. 따지고 보면 그렇게 희한할 것도 없습니다. 일단 저는 마감을 잘 지키고(이래봬도 주간 만화 마감은 칼같이 지켰습니다. 죄송합니다 글도 분발하겠습니다!) 가급적 진행 상황을 바로 공유하려고 합니다. 원고도 아주 재밌진 않을지언정 못 봐줄 정도까진 아니고요. 요컨대 일을 맡겼을 때 사고 치지 않고 지면을 적당히 채워줄 프리랜서로서 어느 정도 쓸모를 인정받은 겁니다. 대중예술이라는 거대한 산업의 귀퉁이에서 그럭저럭 돌아가는 부품, 단지 그뿐입니다. 이 땅의 수많은 노동자가 그러하듯이.

물론 고통스럽기만 했던 건 아닙니다. 이 글에서조차 죽는소릴 너무 많이 해서 잊으셨을까 봐 말씀드리지만 저, 만화 사랑합니다. 어지간히 사랑하지 않으면 이 일을 할 수가 없어요. 보는 것도 그리는 것도 좋아합니다. 하루 열 시간 넘게 같은 원고를 몇 날 며칠 붙잡고 있다 보면 불안과 좌절감이 사랑을 압도해버릴 만큼 커지니 문제죠. 그래도 의외로 어두운 감정에 지지 않고 숱한 위기를 용케 잘 넘겨왔던 것 같거든요. 자신감도 없으면서 어떻게 그랬나 싶은데, 생각해보니 너무나 강력한 힘을 꾸준히 받아왔더라고요. 담당자님들의 압박과 독자님들의 재밌다는 반응입니다. 다 죽어가다가도 벌떡 일어나서 한 컷이라도 더 그리게 돼요.

진부한 수상 소감 같지만 실제로 그래요. 저같이 자기 확신이 없는 인간에겐 칭찬이 곧 나침반이자 연료입니다. 덕분에 만년 바들바들 불안에 떠는 만화계의 사시나무가 고마운 분들의 호평이라는 물과 햇빛과 양분을 먹고 15년 넘게 죽지 않고 살아남았습니다. 전적으로 외부에서 주입받은 에너지라 언제 끊길지 몰라서 불안하긴 하지만, 그저 감사할 따름입니다.

어떻게 답변이 좀 됐을까요. 저를 만화로 이끄는 힘은 남에게 잘 보이고 싶은 욕망과 계약에 대한 의무감, 이렇게 두 가지로 요약된다는 얘깁니다. 자신감이 아니라요.

죄송합니다. 만화가의 자전적 에세이라 하면 만화에 대한 뜨거운 열정이나 비범하고 재기 발랄한 일상 이야기가 있을 거라 기대하셨을 텐데…… 면목 없네요. 업계에서 어느 정도 나이를 먹고 경력도 꽤 있고 무려 책 한 권 분량의 발언권까지 주어진 인물은 내면에 뭔가 '일반인'과는 차원이 다른 비범한 에너지가 들끓을 거라고들 생각하기 쉽잖아요. 저는 그랬거든요. 스무 살의 저는 지금의 저를 꽤나 대단한 어른으로 여길 것 같거든요. 하지만 나이만 먹고 경력만 그럴싸해 보이지 알고 보면 하나도 대단할 것 없고 늘 거절의 공포에 시달리며 쭈글쭈글하게 일하고 있다, 그래도 괜찮다, 어찌 됐든 삶은 그럭저럭 굴러간다는 걸 말하고 싶었습니다.

한편으로는 그런 생각도 들어요. "난 별로 대단한 사람이 아니다, 어찌저찌하다 보니 여기까지 왔다, 운이 좋았을 뿐이다, 여러분이나 나나 다 똑같이 불안하다"는 유명인들의 고백이 전보다 늘어난 것 같지 않나요? 아무래도 '솔직함' '날것의 미학'의 가치가 전보다 높아지고, 개인의 성공이 모두에게 적용 가능한 보편적인 것이 아니며, 성공에서 운이 차지하는 비중이 생각보다 크다는 견해가 설득력을 얻고 있는 요즘 사회적 분위기의 영향인 듯싶어요. 절절히 공감하면서도 묘하게 짜증이 납니다. 그래서 어쩌라는 거야? 운 좋은 거 자랑하는 거야? 아니면 뭐 어쭙잖게 공감을 구걸하고 싶은 거야? 돈과 명예는 누릴 대로 누려놓고?

어쩌면 지금까지 제가 드린 말씀은 충분히 늙은 주제에 어른 노릇은 하기 싫어하는 80년대생 특유의 어리광일지도 모르겠습니다. 자기혐오가 몰려오네요. 진짜 꼴 보기 싫습니다. 가뜩이나 믿고 따를 만한 가치관을 찾기 힘든 요즘 어린 친구들에게 우리 세대가 혼란을 가중시키는 것 같아요. 하지만 어쩌겠습니까. 사실이 그런 걸요.

그래도 혹시나 이 글을 읽고 계실지 모를 만화가 꿈나무께 눈 질끈 감고 꼰대로서 한말씀드리자면, 공부하세요. 하루에 몇 시간씩 꾸준히 앉아서 뭐라도 공부하고, 숙제든 뭐든 기한이 정해진 작업물은 죽이 되든 밥이 되든 약속된 시간 안에 제출하는 습관을 몸에 익히세요. 제 만화 작업을 지속 가능하게 한 진짜 힘은, 어쩌면 이 습관인지도 모르겠습니다. 싫어도 끝까지 책임진다. 이것만 익히면 무슨 일을 하셔도 될 겁니다.

방금 좀 자신감 있지 않았나요? 하하!

에필로그

믿기지 않습니다, 편집자님. 만화가로서 산문집을 써야 한다는 압박감에 짓눌려 글 한 줄 못 쓰고 누워 있던 제가 결국 이렇게 책 한 권을 완성하다니. 다 편집자님 덕분입니다. 툭하면 드러눕는 의지박약 인간을 3년간 어르고 달래 책상 앞에 앉히느라 정말 고생 많으셨어요. 깊이 감사드립니다. 그런데 외람된 말씀이지만 지금 걱정이 태산입니다. 우리 책, 이대로 출간해도 괜찮을까요? 원고를 훑어보고 충격받았어요. 제가 너무 징징거렸더라고요. 아니 어떻게 사람이 처음부터 끝까지 단 한 문단도 빼놓지 않고 앓는 소리만 할 수가 있는 건지……. 와, 진짜 어떡하죠? 이런 글을 사서 읽을 사람이 있을까요? 이제라도 싹 갈아엎을까요?

농담입니다, 편집자님. 그래봐야 달라지는 건 없을 거예요. 보세요. 이 에필로그에서조차 징징대고 있잖아요. 심지어 어제 무슨 일이 있었는지 아세요? 방 청소를 하다가 우연히 발견한 15년 전 일기장을 펼쳐보고 기절할 뻔했지 뭡니까. 첫 페이지부터 저를 닮은 캐릭터가 "아이고~ 재능 없다~ 죽어야겠다! 나는 못생겨서 아무도 날 안 좋아할 거야~ 죽자 죽어!" 따위의 넋두리를 하며 방바닥을 뒹구는 만화가 나오더라고요. 맙소사. 그래도 조금은 성숙해진 줄 알았는데 전혀 변하지 않았어요. 그냥 저는, 언제 어디서나 습관적으로 자학하는 사람인 거예요.

한심한 나 자신을 저주하려다 이러한 생각의 흐름마저 뻔하고 또 한심해서 그만두기로 합니다. 관점을 조금 달리해볼게요. 예나 지금이나 변함없는 나, 꼭 나쁜 것만은 아닐지도 모릅니다. 어찌 보면 이것도 재주죠. 같은 얘기를 지치지 않고 무한 반복할 줄 아는 인간이 한 분야의 대가가 된다는 말도 있잖아요. 그렇게 치면 저는 대가가 될 상입니다. '수치심과 자기 비하'라는 주제를 재탕 삼탕 우려먹고도 지치기는커녕 틈만 나면 또 하려고 드니까요. 아닌 게 아니라 자학도 십수 년을 반복하니 연출력이 조금씩 늘더군요. 저는 느껴요. 요즘 하는 자학이 옛날보다 더 노련하다는 걸요. 그림도 한결 나아졌고요. 그러니까 얼핏 보면 제자리걸음 같지만, 실은 어디로든 천천히 나아가고 있는 겁니다. 또 모르죠. 이대로 가면 죽기 직전쯤엔 자타가 공인하는 자기 비하의 대가가 될 수 있을지도요. 그렇다면 지금까지의 제 만화들도 이 산문집도, 무의미한 것만은 아닐 겁니다.

마지막으로 꼭 당부드리고 싶은 게 있습니다. 최근에 포털사이트에서 '들개이빨'을 검색했다가 저의 전작 산문집에 대한 혹평을 봤습니다. 제 만화를 재밌게 보고 글에도 관심이 생겨서 찾아 읽었는데 실망했다, 괜히 봤다, 역시 작가에 대해 많이 알아봤자 좋을 게 없다는 평이었죠. 고마운 독자님, 죄송하지만 아직 실망하시기엔 이릅니다. 전작에 담긴 자학은 준비운동이었고요. 이번이 진짭니다. 저에 대한 정을 완전히 떼시려면 이 책을 읽으셔야 해요. 부디 제 마음이 전해지기를, 그리고 작가에 대한 실망에 바닥이란 없음을 깨달았다는 최신 혹평이 올라온다면 더 바랄 게 없겠습니다.

골방에 갇힌 채 혼자 글을 쥐어짜는 시간이 쌓일수록, 좋은 글은 결코 혼자 쓸 수 없다는 확신이 강해집니다. 책이 만들어지는 동안 저를 견뎌준 모든 분께 깊이 감사드립니다.